AF354016

Robert Falcon Scott

Letzte Fahrt: Tagebücher eines Überlebenskampfes

e-artnow 2018

Wilhelm Cremer
Die Entdeckung des Erdballs - Die Reisen des Marco Polo, Christoph Kolumbus, Vasco da Gama, Fernando Cortez, Francis Drake, James Cook, Die Eroberung des Nordpols und viel mehr

Robert Louis Stevenson
In der Südsee

Ernst Udet
Mein Fliegerleben: Die Autobiografie

Ida Pfeiffer
Meine Zweite Weltreise (Teil 1 bis 4): Von Wien nach London, Singapore, Borneo, Java, Sumatra, Celebes, Die Molukken, Kalifornien, Peru, Ecuador und Vereinigte Staaten von Nordamerika

Jakob Wassermann
Christoph Columbus - Der Don Quichote des Ozeans (Vollständige Biografie): Historischer Roman

Julius Payer
Die Österreichisch-Ungarische Nordpol-Expedition in den Jahren 1872-1874 (mit Illustrationen): Die arktische Odyssee des Expeditionsschiffs ... - Die Entdeckung des Franz-Josef-Landes

Hermann von Pückler-Muskau
Aus Mehemed Alis Reich: Ägypten und der Sudan um 1840

Heinrich Smidt
Seeschlachten und Abenteuer berühmter Seehelden - Ein Buch der Admirale: Spannende Kapitänsgeschichten: Horatio Nelson + Kap Sanct ... Forbin + Die Schlacht der fünf Admiräle...

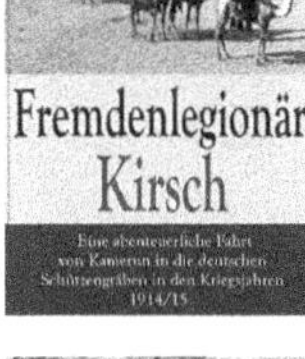

Hans Paasche
Fremdenlegionär Kirsch - Eine abenteuerliche Fahrt von Kamerun in die deutschen Schützengräben in den Kriegsjahren 1914/15: Mit Abbildungen - Kriegserlebnisse: Erster Weltkrieg

Hanns Reska
Die Todesfahrt der "Advance" im ewigen Eise: Voll illustriertevon E. K. Kane's berühmte Grinnell-Nordpolexpedition (RMS Titanic Vorgänger)

Robert Falcon Scott

Letzte Fahrt: Tagebücher eines Überlebenskampfes

Tragödie am Südpol

e-artnow, 2018
Kontakt info@e-artnow.org
ISBN 978-80-273-1944-2

Inhaltsverzeichnis

Unheilvolle Ausfahrt

Die »Terra Nova«, die mich bis zum Rand der dem Südpolarfestland vorgelagerten Eisbarriere bringen sollte, hatte am 1. Juni 1910 mit meiner Expedition an Bord London verlassen. Als das Schiff in Neuseeland anlangte, zeigte es ein Leck und mußte 3 Wochen ins Dock. Auch nach der Ausbesserung leckte es noch ein wenig, wie jedes alte Holzfahrzeug; täglich ¼ Stunde Arbeit an der Handpumpe reichte aus, das eindringende Wasser zu entfernen. Sonntag den 27. Nov. lief die »Terra Nova« Port Chalmers auf Neuseeland an. Dort ging auch ich an Bord, und Dienstag den 29. Nov. nachmittags 1/2 3 Uhr verließen wir bei strahlendem Sonnenschein den Hafen zur endgültigen Abfahrt nach Süden.

1. Dez. Aber Nacht wurde der Wind stärker, ich erwachte von der Bewegung. Die See geht hoch. Unter diesen Umständen bietet das Schiff einen nicht gerade erfreulichen Anblick. Sein Inneres ist dank der Geschicklichkeit unseres Proviantmeisters Leutnant Bowers so vollgepackt, wie es menschliche Geschicklichkeit nur ersinnen kann, und auf Deck ist's kaum anders. Unter der Großluke sind unsere Vorräte und ein Teil des Holzwerks für die Hütte geborgen; darüber auf dem Hauptdeck liegen der Nest des Holzwerks, die Schlitten, die Ausrüstung für die Landreise und alle Instrumente und Maschinen für unsere Wissenschaftler. Unter der Back sind Stände für 15 mandschurische Ponys; 7 auf der einen Seite, 8 auf der andern, die Köpfe einander zugewandt. Durch ein Loch im Schott sieht man die Reihe der Pferdeköpfe mit traurigen, geduldigen Augen emporschaukeln, jetzt die von der Steuerbordseite, dann die auf der Backbordseite. Die wochenlange Fahrt wird eine schlimme Probe für die armen Tiere sein. Der übrige Raum der Back ist mit 5000 Kilo Futter vollgepackt; dazwischen haust Anton, mein russischer Pferdeknecht, der arg an Seekrankheit leidet. Trotzdem rauchte er gestern abend eine Zigarre; er rauchte immer ein wenig, dann kam eine Pause, wo sich sein Magen umkehrte, darauf griff er wieder zu seiner Zigarre. »Nicht gut!« klagte er Rittmeister Oates, indem er sich den Magen rieb. Die 4 übrigen Ponys stehen außerhalb der Back auf der Leeseite der Vorluke in einem starken Holzbau, unter ihrem wasserdichten Segeltuchdach haben sie es jedenfalls besser als ihre 15 Kameraden.

Hinter der Vorluke ist das Eishaus, das 3 Tonnen Eis, 162 geschlachtete Hammel und 3 Rinder nebst einigen Büchsen Kalbsmilch und Nieren enthält. Hinter dem Eishaus stehen 2 ungeheure Packlisten, jede zu 5 x 1 1/2 x 1 ¼ Meter; sie enthalten zwei Motorschlitten. Der dritte ruht quer über der Hinterdecköffnung. Die Kisten sind mit Segeltuch überdeckt und mit schweren Ketten und Tauen festgemacht. Blechkannen und -fässer mit Petroleum für die Schlitten sind in starke Holzkisten verpackt, im ganzen 2 1/2 Tonnen Öl; weitere Behälter mit Petroleum, Paraffinöl und Alkohol stehen zwischen Großluke und Fockmast und längs der beiden Kühlgänge. Um die Packkisten herum steht das Deck voll aufgestapelter Kohlensäcke, die aber bald verschwinden werden, denn die »Terra Nova« frißt entsetzlich viel Kohlen: 8 Tonnen im Tag! Die anscheinende Verwirrung auf Deck vervollständigen unsere 33 Hunde; sie sind, 2 ausgenommen, sibirischen Ursprungs; Meares, der Führer unserer Hundeabteilung, hat sie ausgesucht und quer durch Sibirien nach Wladiwostok getrieben, von wo er sie zu Dampfer nach Neuseeland brachte. Sie sind, was bei der Wildheit der Tiere nötig ist, an Pfosten und Riegeln angekettet. Ihre Lage ist nicht eben beneidenswert; die Wellen brechen sich unaufhörlich an der Wetterseite des Schiffs, und das Spritzwasser regnet aufs Mitteldeck in dichten Wolken herunter. Die Schwänze diesem Regen zugekehrt, sitzen die Hunde trübselig umher, ihre Decken triefen, und ab und zu läßt einer ein wehmütiges Winseln hören. Ihre Nahrung, ungefähr 5 Tonnen Hundekuchen, ist allenthalben in die Lücken zwischen dem Gepäck eingekeilt.

Wie wir es fertigbringen, an unserm Kajütentisch für 24 Offiziere Platz zu finden, ist mir noch unerklärlich. Meist sind zwar einige auf Wache, aber es ist trotzdem ein heilloses Gedränge.

2. Dez. Schon ein Unglückstag! Um 4 Uhr nachts frischte der Wind mit großer Heftigkeit auf. Das Schiff stampfte schwer und nahm über die Reling viel Wasser ein. Petroleumbehälter und Futterkisten begannen sich zu lösen, die Kohlensäcke wurden von den Sturzseen aufgeho-

ben und drohten die Kisten zu zertrümmern; sie mußten wo anders verstaut werden, was eine ungeheure Arbeit machte. Von Stunde zu Stunde wurden Seegang und Wind stärker.

Das Schlimmste aber war die Meldung aus dem Maschinenraum: die Pumpen sind verstopft, und das Wasser steigt schon über den Feuerungsrost! Von diesem Augenblick an war der Maschinenraum der Mittelpunkt allgemeiner Aufregung. Oberheizer Lashly stand bis an den Hals in strömendem Wasser, um die Ansauger der Pumpen zu reinigen. Aber das Wasser stieg immer höher, zuletzt kam es an den Kessel und wurde bald so heiß, daß nichts übrig blieb, als das Feuer ausgehen zu lassen.

Die See ging höher als je; ein großes Stück des Geländers wurde von den Sturzwellen fortgerissen, und ein grüner Strom rollte über Reling und Achterdeck. Einige Petroleumfässer wurden über Bord geschwemmt, und im Maschinenraum strömte das Wasser beängstigend. Mitten hinein in diese Verwirrung plötzlich der furchtbare Ruf, daß durch die Ritzen des mit Kohlen gefüllten Achterraums Rauch emporsteige! Um das Feuer zu unterdrücken, wäre keine andere Hilfe gewesen, als die Luke zu öffnen, die Sturzseen hineinfluten zu lassen und so – das Schiff zum Sinken zu bringen. Es waren furchtbare Augenblicke, ehe wir die Gewißheit hatten, daß der Rauch in Wirklichkeit nur Dampf war von dem im Maschinenraum daneben befindlichen Schlagwasser.

Wir mußten nun versuchen, das Schiff auszuschöpfen. 4 Stunden lang gingen die Eimer von Hand zu Hand, vom untersten Feuerraum auf kleinen Eisenleitern zum obersten Deck hinauf, zusammen mit dem Tröpfeln der Pumpen, und wenn das Wasser auch nicht sank, so stieg es doch nur noch sehr wenig.

Unterdes kamen wir auf ein Mittel, um an das Saugwerk der Pumpen zu gelangen: wir schlagen ein Loch in das Schott des Maschinenraums, die Kohlen zwischen diesem und dem Wasserschacht der Pumpen werden entfernt und ein Loch in den Schacht gebrochen. Unsere Rettung wird ein halbes Wunder sein! Offiziere und Matrosen arbeiten verzweifelt, aber sie singen dabei, und keiner hat den Mut verloren. Ein Hund ist schon ertrunken, ein Pony ist tot und 2 andere werden auch nicht mehr lange mitmachen. Aber wenn wir nur des Wassers Herr werden, wird schon alles gut. Noch ein Hund, höre ich, ist eben über Bord geschwemmt worden – o weh! –

3. Dez. Gestern abend nahm der Wind langsam ab, und die Schöpfarbeit wurde mit 2 stündiger Ablösung ununterbrochen fortgesetzt. Es war eine unheimliche Nachtarbeit, bei dem heulenden Sturm, der Dunkelheit, den alle paar Minuten über das Schiff hinrollenden Sturzseen, ohne Maschinen und Segel, die Männer der Wissenschaft, schwarz von Maschinenöl und Schlagwasser, die überlaufenden Eimer weitergebend, ohne Rücksicht auf die Köpfe der Tieferstehenden; einige zogen es vor, nackt wie chinesische Kulis zu arbeiten, die andern hantierten in Trikotjacken, Schifferhosen und Seestiefeln. Alle 2 Stunden eilten die Abgelösten in ihre Koje, um zu ruhen; nach 2 Stunden schlüpften sie wieder in das triefend nasse Zeug und eilten aufs neue an die Arbeit. Und sie blieben Sieger: das Hin- und Herrauschen der Wellen auf dem Boden des Maschinenraums beim trüben Licht zweier Petroleumlampen wurde von Stunde zu Stunde geringer. Um 10 Uhr abends war das Loch ins Schott des Maschinenraums gebrochen – Leutnant Evans kletterte über die Kohlen hinüber in den Pumpenschacht hinein. Bald hatte er den Ansauger gereinigt, und ein Freudenruf begrüßte den ersten tüchtigen Wasserstrahl aus der Pumpe. Damit waren wir gerettet. Alle Mann arbeiteten nun abwechselnd an der Pumpe; obwohl sie sich noch mehrmals verstopfte, sank das Wasser im Maschinenraum gleichmäßig, und heute morgen konnte man sich wieder darin aufhalten. Am Vormittag wurde angeheizt, und jetzt segeln und dampfen wir schon in bester Ordnung südwärts.

Unser Verlust ist nicht so groß, wie ich fürchtete, aber doch ernst genug. Abgesehen von der Zertrümmerung der Reling, haben wir 2 Ponys, nur einen Hund, 300 Liter Petroleum, 10 Tonnen Kohlen und einen Spiritusbehälter eingebüßt. Der dritte Pony hat sich wieder erholt.

5. Dez. Der Gedanke, Kap Crozier, die Ostspitze der Roßinsel, als Hauptstation zu wählen, wird hin- und her erörtert. Wir kämen früh dorthin, die große Eisbarriere ließe sich erreichen, ohne Spalten überschreiten zu müssen, und der Weg nach dem Pol führte von Anfang an genau südlich. Das milde Klima und das Fehlen der Schneestürme am Pinguinbrütplatz,

die Gelegenheit, das Brüten der Kaiserpinguine zu studieren, das Interesse an der Geologie des Mount Terror, die Nähe brauchbarer Steine zu Schutzmauern usw., alles spricht dafür.

7. Dez. Eissturmvögel, antarktische Sturmschwalben und Raubmöwen umflattern das Schiff, und gestern zeigten sich Delphine; dunkle, finster blickende Albatrosse und Seeschwalben begegnen uns unaufhörlich. Gestern abend trieb weit hinten im Westen der erste Eisberg vorüber und glänzte hin und wieder auf, wenn die Sonne aus den Wolken hervortrat.

9. Dez. Heute früh 6 Uhr wurden Eisberge und Packeis gemeldet, und bald gerieten wir in einen Strom von kleinen Eisschollen. Wir steuerten deshalb nach Süden und Westen und konnten ziemlich geraden Kurs halten, obgleich wir 6 weitere Eisströme durchquerten, von denen aber keiner mehr als 300 Meter breit war. Mehrere schöne, meist tafelförmige Eisberge begegneten uns; ihre Höhe ging bis zu 25 Meter; einer kam so dicht heran, als, ob er kinematographiert werden wollte.

Wir beobachteten in diesen Tagen zahlreiche Riesenwale, die als die größten Säugetiere gelten. Zuerst sieht man einen kleinen dunkeln Höcker auftauchen; gleich darauf spritzt eine Fontäne grauen Nebels ungefähr 2 Meter hoch senkrecht auf. Nun verlängert sich der Höcker, und empor wälzt sich ein ungeheuer großer, schwarzgrauer runder Rücken mit einem schwachen Wulst längs des Rückgrats und einer kleinen hakenähnlichen Rückenflosse. Dann verschwindet das Tier wieder in der Tiefe.

Am Abend zeigt sich das Packeis in bedenklich großen Feldern. Der Abendhimmel war wundervoll; die Sonne trat von Zeit zu Zeit aus den Wolkenlücken hervor und beleuchtete mit blendendem Glanz ein Eisfeld, einen steil abfallenden Eisberg oder ein Fleckchen blauer See, und Sonnenlicht und Schatten jagten sich beständig über unsere Bahn. Sollte das Packeis dick werden, so lasse ich das Feuer unter den Kesseln ausgehen und warte, bis sich das Eis wieder öffnet; lange kann es auf diesem Breitengrad nicht geschlossen bleiben.

Im Packeis gefangen

Sonntag, 11. Dez. 1910. Das Eis schloß sich während der Nacht enger zusammen, und um 6 Uhr erschien jeder Versuch, vorwärts zu kommen, aussichtslos; wir ließen also das Feuer ausgehen. Die Eisfelder sind fast 1 Meter dick, sehr fest und eng aneinander gedrängt.

12. Dez. Das Packeis war heute morgen etwas lockerer und eine langgezogene Dünung deutlich bemerkbar. Die Eisfelder, die gestern fest aneinander gepreßt waren, berührten sich nur noch mit den Ecken. Um Mittag haben wir wieder angeheizt und machen gute, aber ungleichmäßige Fortschritte. Bald dünne Eisfelder, die sich leicht zerbrechen lassen, bald ältere, die uns völlig lahm legen; hin und wieder auch ein massiger aufgepreßter Eisberg.

Ich sprach heute mit Wright, einem unserer Geologen, über die merkwürdige Erscheinung, die für Polarreisen von großer Wichtigkeit ist: emporgepreßtes Meereis scheidet, wenn es vom Seewasser nicht mehr benetzt wird, sein Salz vollständig aus; durch Schmelzen kann man daraus Süßwasser zum Trinken und zum Füllen der Dampfkessel gewinnen.

13. Dez. Einen so schnellen, immerwährenden Wechsel aller Aussichten habe ich noch nie erlebt. Eisschlamm, in dem das Schiff unter vollen Segeln 7 bis 9 Kilometer in der Stunde machte, wechselte mit festem Eis, gegen das aller Kampf vergeblich war. Dann kamen offene Kanäle oder nur leicht überfrorene Rinnen, aber mit einemmal saßen wir wieder in mächtigen Feldern mit höckrigem Buchteis, das 2 bis 3 Meter über Wasser emporragte und tief hinabreichte. Schließlich konnten wir nicht mehr von der Stelle und mußten die Feuer ausgehen lassen. Was soll unter diesen Umständen aus unsern Kohlenvorräten werden?

14. Dez. Vom »Krähennest« (der Ausgucktonne) aus ist an mehreren Selten offenes Wasser zu sehen, im übrigen aber ist die Szene unverändert: ödes, hügeliges Packeis. Das Schiff dreht sich mit dem Wind, und die Eisfelder ringsum sind in langsamer, verstohlen schleichender Bewegung. Dabei haben wir prächtigsten Sonnenschein und waren alle mit Schneeschuhen auf dem Eisfeld, an dem wir uns am Morgen verankerten. Es war so heiß, daß wir ein Kleidungsstück nach dem andern ablegten und einige Zeit nackt bis zum Gürtel umherliefen.

17. Dez. Gestern morgen setzte Wind aus Nordosten ein und brachte Schnee, leichten Hagel und Regen, der bis heute währte. Es ist das erstemal, daß ich jenseits des Südpolarkreises Regen erlebe. Das Eisfeld, auf dem wir Schneeschuh liefen, hat sich zerteilt; wir zogen daher gestern die Eisanker wieder ein, und mit Hilfe der Segel drängte sich das Schiff langsam etwa 6 Kilometer vorwärts. Schließlich mußten wir aber wieder an einem ungeheuern Eisfeld anlegen, und heute haben wir uns kaum von der Stelle gerührt. Eisberge, die uns im Lauf der Woche schon alte Freunde wurden, setzen sich in Bewegung, einer hat sich genähert und uns fast umkreist. – Heute abend sahen wir den ersten Kaiserpinguin.

19. Dez. In der Nacht drängten wir uns durch einige der ungeheuersten Eisfelder, die ich je gesehen habe. Die Preßeisrücken ragten 7 Meter über Wasser empor, das Eis ging also mindestens 9 Meter in die Tiefe. Später kamen wir in lange Wasserkanäle und machten Fortschritte. Aber der Ausblick heute morgen ist der schlimmste bisher: ringsum mächtiges, aufgepreßtes Packeis, soweit das Auge reicht! Es ist wirklich Pech!

Gegen ½ 5 kamen wir an einem halben Dutzend tafelförmiger Eisberge von 5 bis 6 Meter Höhe vorüber. Jenseits dieser Berge, wurde dann gemeldet, gebe es kein offenes Wasser mehr! Was nun? Mich packte die heftigste Unruhe. Ich sah uns schon endlose Wochen im Eis gefangen und erst in weit vorgeschrittener Jahreszeit wieder frei werden. Um so erfreulicher war gegenüber dieser trübseligen Vorstellung die Wirklichkeit. Das Eis ringsum erwies sich als kaum 1 Meter dick, Wassertümpel standen darauf, und allenthalben öffneten sich Durchfahrten mit losem Packeis. Welch eine Erleichterung! Es schien mir fast wie eine Erlösung aus langer, grauenhafter Gefangenschaft.

Wir sahen heute morgen einen jungen Kaiserpinguin; als wir ihn zu fangen versuchten, tauchte ein Walfisch mit einer über 1 Meter hohen, säbelförmigen Rückenflosse dicht neben dem Schiff auf; Dr. Wilson, der Leiter des wissenschaftlichen Stabes meiner Expedition, hält ihn für eine neue Art. Am Abend beobachteten wir 2 Seeleoparden; der eine machte kurze, lässige Tauchversuche unter den Eisfeldern und hatte schöne, schlängelnde Bewegungen.

20. Dez. Das Eis hat sich abermals geschlossen, und wir haben das Feuer ausgehen lassen müssen! Die Pressungen haben sich wieder verstärkt. Eisberge waren vorige Nacht nur wenige sichtbar, aber heute erscheinen sie wieder. Meine größte Sorge sind augenblicklich die Kohlen – wir reißen entsetzliche Lücken in unsere Vorräte.

21. Dez. In der Nacht waren wir an zwei große Eisberge beängstigend nahe herangetrieben, und im Südosten schien offenes Wasser zu sein. Wir heizten deshalb an und entgingen der drohenden Gefahr. Aber jetzt sitzen wir wieder fest, und auf unserer Leeseite zeigen sich neue Eisberge. Wir dürfen daher das Feuer nicht ausgehen lassen.

Wilson versuchte auf dem Eisfeld einige Pinguine zu fangen. Er legte sich der Länge nach auf den Boden und begann zu singen, worauf die Tiere eilig auf ihn zuwatschelten; aber sobald er aufhörte, machten sie sich wieder davon. Gesang übt auf sie die größte Anziehungskraft aus, Meares mit seiner vollen Stimme lockt sie am besten.

22. Dez. Alles ist unverändert, nur haben wir das Feuer ausgehen lassen, obgleich sich Eisberge dem Schiff nähern. Wir dürfen keine Kohlen mehr vergeuden. Auch mit den Ponys geht es beständig bergab.

23. Dez. Gestern Abend gegen 10 Uhr wurde der Wind gelinder, und das Schiff drehte sich um seinen Anker. Wir setzten die Segel auf dem Fockmast und drangen ½ Kilometer nordwärts vor, aber dann war es wieder aus. Der Wind trieb uns dicht an einen großen Eisberg heran, aber mit Hilfe aller Segel bewegte sich die »Terra Nova« mit dem Packeis langsam um ihn herum. Dann ließ das Pressen des Eises nach, und wir glitten dicht neben dem Berg in offenes Wasser hinaus. Ich befahl deshalb, anzuheizen. Ob wir wohl zum Heiligen Abend aus dem Packeis heraus sind?

24. Dez. Um 4 Uhr hörten alle fahrbaren Rinnen auf, um 7 Uhr lagen wir vor dem mächtigsten Eisfeld, das wir bisher sahen, und es blieb nichts übrig, als das Feuer abermals ausgehen zu lassen.

Sonntag, 25. Dez., Weihnachten. Wir sind regelrecht gefangen und können weder unter Segel noch unter Dampf einen Schritt vorwärts. Wieder heißt es Geduld und abermals Geduld! Doch sind wir hier wenigstens in ziemlicher Sicherheit. Das Eis ist so dünn, daß sein Pressen uns nichts anhaben kann, und Eisberge sind nur in weiter Ferne zu sehen.

Trotz unserer traurigen Lage ist die Offiziersmesse zur Weihnachtsfeier mit bunten Fahnen geschmückt, und heute morgen war allgemeiner Gottesdienst, wobei die Kirchenlieder kräftig über das Eis schallten. Unser Abendessen bestand aus Tomatensuppe, gedämpfter Pinguinbrust als Vorgericht, Rinderbraten, Plumpudding, kleinen Pasteten, Spargel, dazu Champagner, Portwein und Liköre, ein wahres Festmahl. 5 Stunden lang hat die Gesellschaft unter fröhlichen Gesängen bei Tafel gesessen. Die Mannschaft hatte ihr Festessen mit ungefähr den gleichen Speisen um Mittag, aber mit Bier und etwas Whisky, und schien ebenfalls sehr vergnügt.

Heute abend setzte sich eine Skuamöwe auf den Rand einer Eisscholle, auf der sich verschiedene Pinguine zur Nachtruhe vorbereiteten. Zwischen diesen begann eine lärmende Beratung, deren Gegenstand offenbar die Möwe war. Endlich faßten sie sich ein Herz und rückten in geschlossener Reihe auf sie los. Ein paar Schritte vor ihr drückte sich der vorderste Pinguin beiseite, und so sehr die andern auch nachdrängten, scheute sich immer wieder der an der Spitze, als erster an den Feind heranzugehen. Die Möwe saß auf einem Eisblock und tat sehr gleichgültig. Als schließlich die Pinguine sich immer näher herandrängelten, flatterte sie auf die andere Seite der Angreifer. Diese machten kehrt und wiederholten ihre frühere Taktik, bis die Skua schließlich endgültig fortflog. Die schüchternen Protestbewegungen der Pinguine verrieten deutlich bestimmte Gemütszustände, die sich ohne weiteres in menschliche Empfindungen übersetzen ließen.

Auf der andern Seite des Schiffes zankten sich mehrere Pinguine um einen kleinen Eisblock, der noch dazu einen sehr unsichern Sitzplatz bot. Es war ungemein unterhaltend, wie jeder Vogel sich aufs äußerste anstrengte, den Platz zu behaupten, der eine den andern fortstieß, der glückliche Sieger, sobald er den Gipfel erklommen, sofort wieder das Gleichgewicht verlor und der Kampf aufs neue begann.

28. Dez. Wir haben gestern und heute einige Kilometer gewonnen; wir müssen der Südgrenze des Packeises ganz nahe sein; ich habe deshalb befohlen, anzuheizen.

Heute morgen tauchten um das Schiff herum und unter ihm eine Anzahl Pinguine. Der Adeliepinguin ist gar zu drollig, ob er nun schläft, zankt oder spielt, ob er neugierig, erschrocken oder böse ist; Bewunderung aber erweckt er, wenn er in 3 bis 4 Meter Tiefe pfeilschnell umherschießt, sich wie ein Delphin in die Luft schnellt oder über die gekräuselte Fläche einer Wasserrinne hinschwimmt. Seine Geschwindigkeit wird vermutlich überschätzt, aber seine Geschicklichkeit im Drehen und Wenden und seine vollkommene Herrschaft über alle Bewegungen sind eben so schön wie erstaunlich.

Blickt man über die öde Fläche des Packeises hin, so kann man sich schwer vergegenwärtigen, wieviel fruchtbares Leben unmittelbar unter seiner Oberfläche gedeiht. Das schwimmende Pflanzenleben hier ist sogar viel reicher, als in den Meeren gemäßigter oder tropischer Zonen! Ein Schleppnetz füllt sich in kurzer Zeit mit Algen. Von diesen Algen leben Tausende kleiner Krebse, die am Rand jedes Eisfeldes schwimmen. Diese Krebse sind die Nahrung der Krabbenfresser-Seehunde, Pinguine, Eissturmvögel und Schneesturmschwalben und einer Unzahl großer und kleiner Fische, die wieder die Beute der Robben und Pinguine, Raubmöwen und Sturmvögel werden. Und dann die größeren Säugetiere. Da ist zunächst der lange, geschmeidige Seeleopard, der einen Pinguin oder zwei, vielleicht sogar einen jungen Seehund im Magen hat, denn er ist mit fürchterlichen Reißzähnen bewaffnet. Der gefräßige Schwertwal zeigt sich selten im Packeis, mehr an den Küsten. Überaus zahlreich sind aber hier draußen die andern Wale, vom Riesenwal bis zum kleineren Schnabelwal und andern, noch namenlosen Arten. Welche Unmasse Nahrungsstoff ist zur Erhaltung dieser Riesen erforderlich; wie ungeheuer groß muß also in diesem Meer der Vorrat an kleinen Seetieren sein! So tobt auch unter den riesigen Eisfeldern unaufhörlich der alte Kampf ums Dasein.

29. Dez. Endlich der langersehnte Umschwung! Wir dampfen zwischen Eisfeldern von geringem Umfang. Der Übergang vollzog sich urplötzlich. Einmal hatten wir in der Nacht eine Stunde lang gar kein Eis. Heute morgen durchbrachen wir große, zusammenhängende Eisfelder, und jetzt werden die Eisschichten immer dünner und lockerer – der beste Beweis für die Nähe offenen Wassers. Nordwind hilft uns vorwärts, der Himmel ist bewölkt, und leichter Graupelregen fällt. In der letzten Nacht hatten wir Glatteis; jede Planke und jedes Tau war von einer dünnen Eisschicht überzogen. Kein Zweifel mehr; unsere Gefangenschaft geht zu Ende!

Auf der Suche nach einem Winterquartier

Freitag, 30. Dez. 1910. Diese Nacht um 1 Uhr steuerte Leutnant Bowers die »Terra Nova« durch den letzten Eisstrom, und heute früh um 6 schwammen wir in offener See.

Am Vormittag legte sich der Wind, und um 11 Uhr ergab die Lotung 2030 Meter Tiefe – wir waren offenbar am Rand der kontinentalen Bank, die das Südpolarfestland bildet. Um Mittag brach die Sonne durch Wolken und Nebel. Vom Tauwerk blätterte die Eisschicht ab und fiel klirrend auf Deck, wo in der warmen Luft der Eisschlamm schnell verdunstete.

Vom Packeis befreit, waren wir während des Tages tüchtig weitergekommen, und ich berechnete schon, daß wir Neujahr am Kap Crozier sein müßten – da hob sich um 3 Uhr nachmittags ein regelrechter Südsturm. Abends um 8 schlichen wir nur noch vorwärts! Schon wieder ist das Glück uns entgegen! Der kurze, scharfe Seegang ist für die Ponys das reine Gift.

31. Dez., Silvester. Die vorige Nacht war entsetzlich! Schlafen konnte ich nicht, denn ich mußte immer an die schauderhafte Lage der armen Ponys denken. Am Morgen nahmen Wind und Seegang noch zu, und um 6 wurde wieder loses Eis vor uns gesichtet. – Also vorwärts durch den Eisstrom – bei so hohem Seegang ein gefährliches Beginnen; aber bald kamen wir an ein festeres Eisfeld, und als wir es glücklich hinter uns hatten, fanden wir zu unserer Überraschung verhältnismäßig glatte See. Noch eine Strecke weiter und wir legten bei in einer Art Eisbucht, wo der Seegang abgeschwächt war. Im Lauf des Tages aber wurde unsere Zuflucht unsicher, und abends mußten wir anderswo Schutz suchen. Glücklicherweise legte sich der Wind, und als sich um 10 Uhr die Wolken verzogen, lagen im Westen alle Berge des Süd-Viktoria-Landes im prächtigsten Sonnenschein vor uns!

Sonntag, 1. Jan. 1911. Um 4 Uhr morgens dampften wir langsam nach Südwesten; um 8 waren wir aus dem Eis heraus und steuerten südwärts. Wir hatten den ganzen Tag strahlenden Sonnenschein; noch jetzt, um 11 Uhr abends, sonnen sich die Leute bei gänzlicher Windstille und sitzen lesend auf Deck. Die Ponys sollen sich gut gehalten haben. Unsere heutige Lotung ergab 340 Meter, gegenüber 2030 vorgestern: wie schnell also die kontinentale Bank ansteigt!

3. Jan. Meine nächste Hoffnung ist bereits zuschanden geworden: Am Kap Crozier können wir nicht überwintern! Schon am Morgen, als bei schönstem Wetter das Land immer deutlicher vor uns aufstieg, ahnte mir nichts Gutes: Wind und Dünung ließen für die Landung die größten Schwierigkeiten befürchten. Bald nach Mittag kamen wir 9 Kilometer östlich von Kap Crozier an die Eisbarriere heran, die sich von dieser Ecke der Roßinsel aus weithin nach Osten bis König-Eduard-Land erstreckt. Sie war nicht höher als 18 Meter und vom »Krähennest« aus gut zu überblicken; nach dem Rande zu senkte sich ein wenigstens 2 Kilometer langer sanfter Abhang. Seit den Tagen der »Discovery«, mit der ich 1902/3 hier überwinterte, hat sich hier nichts verändert; wir sahen unsere alte Posthausstange noch so gerade stehen, wie vor 8 Jahren, und haben alles mit unsern alten Photographien verglichen: nichts ist anders geworden.

Den Zwischenraum zwischen Barriere und Felsen nahm aber ein besonders hoher Preßeisrücken ein. Um festzustellen, ob zwischen Preßeisrücken und Felsen durchzukommen sei, ließen wir eins der Walfischboote ins Wasser, und Wilson, Griffith Taylor, Pristley, Evans und ich ruderten an Land. Zwischen Barriere und Felsen fanden wir eine große schmutzige Scholle Meereis eingeklemmt und so stark aufwärts gepreßt, daß sie über 1 Meter hoch über dem Wasser stand. Dabei brandete die Dünung so heftig, daß von Landen gar keine Rede sein konnte.

Ich litt Tantalusqualen – nicht nur wegen der Unmöglichkeit der Landung überhaupt. Gerade auf diesem Stück alten Buchteises, etwa 2 Meter über uns, saß ein Pinguinküken; es war in einem Alter und einem Entwicklungsstadium, in dem noch keiner von uns den Kaiserpinguin gefangen oder untersucht hat: es verlor eben seine Daunen, die Flügelstummel waren bereits ganz daunenfrei und genau so gefiedert wie die der ausgewachsenen Vögel. Es wäre also ein Triumph gewesen, dieses Küken dingfest zu machen, aber wir konnten nicht heran, und ich durfte seinetwegen nicht unser aller Leben aufs Spiel setzen.

Aus der Unterseite der etwa ½ Meter dicken Eisscholle hingen Beine und Körperhälften toter Kaiserpinguinküken heraus, an einer Stelle auch der Kadaver eines ausgewachsenen Pinguins. Diese traurigen Reste früheren friedlichen Lebens dort oben waren jedenfalls auf der Oberfläche des Eisfeldes eingefroren und wurden jetzt von unten allmählich wieder herausgespült. So bot diese alte, schmutzige, eingeklemmte Scholle des abgetriebenen Buchteises einen förmlichen Abriß der Lebensgeschichte dieser seltsam primitiven Vögel.

Da eine Landung unmöglich war, ruderten wir eine Strecke an den Felsen entlang. Aber wenig fehlte, und diese Kahnpartie hätte unserer ganzen Polwanderung ein vorschnelles Ende bereitet. Als wir unter einem der überhängenden Felsblöcke entlangruderten, meinten wir scherzend, wenn solch ein Block auf uns herabfalle, würden wir den Spaß wohl nicht lange überleben. Doch war uns dabei etwas beklommen zumute, und wir atmeten erleichtert auf, als wir uns von hier wieder zum Schiff hinwandten. Kaum waren wir etwa 300 Meter entfernt, als plötzlich ein donnerähnliches Krachen hinter uns ertönte, etwas mit laut klatschendem Schlag in die See stürzte, diese hoch aufspritzte und eine erstickende Wolke Gesteinstaub sich erhob gleich dem Rauch bei einer Explosion. Als sich der Staub verzogen hatte, sahen wir, welch einem Unheil wir entgangen waren: derselbe Block, über dessen bedrohliches Herabhängen wir gescherzt hatten, war wirklich abgestürzt!

Jammerschade, daß ich den uns allen schon liebgewordenen Plan, am Kap Crozier zu überwintern, aufgeben muß! Nach Westen hin ist die Küste ebenfalls hoffnungslos. Ehe wir nicht Kap Royds erreichen, winkt uns keine Hoffnung auf ein Unterkommen. Also auf nach Westen!

4. Jan. Diese Fahrt ist voller Überraschung! Früh um 6 steuerten wir durch das letzte Packeis der Meerenge zwischen Roßinsel und Süd-Viktoria-Land nach Kap Royds hin, in der festen Erwartung, den Rand des Packeises westwärts von ihm zu finden. Zu unserm größten Erstaunen fuhren wir aber über das Kap hinaus in freiem Wasser, dann an Kap Barne vorüber, an der Südseite des Barnegletschers entlang, schließlich um die Inaccessible-Insel herum und darüber hinaus noch gut 4 Kilometer südlicher; ja wir hätten noch weiter fahren können, aber dann schien der Eisschlamm dicker zu werden, und außer Kap Armitage, der noch 22 Kilometer entfernten äußersten Südspitze der Roßinsel, auf deren kleiner Landzunge »Hüttenspitze« 1903 die Hütte der Discovery-Expedition stand, gab es hier keinen zum Überwintern geeigneten Ort. Niemals habe ich das Eis des McMurdo-Sundes so harmlos gesehen; offenbar war der letzte Sommer ungewöhnlich warm. Wir hatten nunmehr eine sehr reiche Auswahl bei der Entscheidung über unser Winterquartier. Ich wünschte vor allem einen Platz, an dem wir nicht leicht von der Eisbarriere abgeschnitten werden konnten, und meine Wahl fiel auf ein Vorgebirge etwas hinter uns; es war von der alten Discovery-Station durch 2 tiefe Meeresbuchten auf beiden Seiten der Erebusgletscherzunge getrennt, die voraussichtlich bis spät in den Sommer hinein zugefroren blieben und deren Eis außerdem, wenn sie einmal zufroren, bald fest zu werden versprach. Alle stimmten meinem Vorschlag zu. Wir wendeten also und steuerten nach dem festen Eis quer vor dem genannten Kap.

Ungefähr 3 Kilometer vorm Ufer kamen wir an hartes Buchteis, das eine haltbare Straße zum Ausschiffen unserer Vorräte bot. Hier machten wir uns mit Eisankern fest, und Wilson, Evans und ich gingen zum Kap, das ich zunächst, unserm trefflichen Kommandanten zu Ehren, in Kap Evans umtaufte. Der nach Nordwest gelegene, im Rücken durch zahlreiche Hügel geschützte Strand erwies sich als ein idealer Platz für eine Winterstation; ihn wählten wir daher zum Bau unserer Hütte.

Die Landung an Kap Evans

Während wir am Ufer von Kap Evans waren, begann Campbell mit der Ausschiffung. Schon standen 2 Motorschlitten blitzsauber und tadellos auf dem Eis. Dann kamen die Ponys an die Reihe; manche ließen sich nur durch Zureden oder die starken Arme der Matrosen in die Gestelle hineinbringen, in denen sie vom Schiff herunter bugsiert wurden, und begannen trotz ihrer Schwäche sogar zu bocken. Sobald sie Schnee unter den Füßen spürten, schienen sie neu aufzuleben. Auch ich war froh, als ich sie alle 17 auf dem Eisfeld angepflöckt sah.

Die Hunde gingen mit leichten Lasten gleich ins Geschirr, zeigten aber schon am ersten Tag eine ärgerliche Zuchtlosigkeit. Schuld daran waren die maßlos dummen Pinguine, die in Scharen auf unser Eisfeld losschossen. Mit dem Kopf in der Luft hin und her stoßend, watschelten sie heran, voll verzehrender Neugier und stumpfsinniger Gleichgültigkeit gegen die heulenden Hunde, die an ihren Leinen zerrten und zu ihnen hinstrebten.

»Hallo!« schienen die Pinguine zu sagen, »das ist toll – was wollt ihr lächerlichen Geschöpfe bei uns? Laßt euch mal anschaun!«

Dann kamen sie näher, und wenn die Hunde, soweit die Leinen nachgaben, auf sie zusprangen, sträubten sie das Gefieder, aber nicht aus Furcht, sondern nur aus Ärger, und in einer Haltung, als ob sie einem unmanierlichen Fremden den Standpunkt klar machen wollten, schienen sie zu schreien: »Oho! Ihr seid ja eine saubere Sorte! Da seid ihr aber an die Unrechten gekommen! Wir lassen uns nicht verblüffen!«

Noch ein paar Schritte näher – ein Sprung – ein Aufschrei – und ein greulicher roter Fleck auf dem Schnee ist das Ende. Aber nichts kann die dummen Vögel abschrecken; scheucht man sie fort, so ducken sie sich und weichen seitwärts aus, als wollten sie sagen: »Was fällt dir ein, alberner Tropf? Laß uns in Frieden!«

Sobald ein Opfer am Boden liegt, sammeln sich die Skuamöwen, die auf die Hunde keinen aufreizenden Eindruck machen, und wenn die blutige Mahlzeit beendet ist, stürzen sie sich schreiend und zankend auf die Reste. So ging es den ganzen Nachmittag, und Meares war außer sich über seine Schützlinge. Jetzt, am Abend, liegen sie, an langer Kette angebunden, zusammengerollt im Ufersand und scheinen sich recht wohl zu fühlen.

Der ersten Fahrt der Motorschlitten sehen wir natürlich alle mit großer Spannung entgegen. Ohne kleine Unglücksfälle ging es nicht ab. Aber sie haben schon tüchtige Lasten ans Ufer befördert, und ich verspreche mir von ihnen außerordentliches. –

Der Baugrund für die Hütte ist bereits geebnet; das Bauholz ist am Ufer, und die Bauabteilung haust dort im großen grünen Zelt mit Lebensmitteln für 8 Tage. Während ich dies schreibe, höre ich das laute Schnarchen der Männer, die sich vom anstrengenden Tagewerk für morgen ausruhen, und auch mir fallen die Augen zu, denn ich habe seit 48 Stunden kaum geschlafen – heute kann ich es, und fröhlich mag ich träumen.

5. Jan. 1911. Als ich heute ziemlich spät auf der Bildfläche erschien, wurde ich Zeuge eines aufregenden Vorgangs. Etwa 5 oder 6 Schwertwale streiften in der Nähe des Schiffes umher, tauchten hastig auf und nieder, streckten die Mäuler aus dem Wasser hervor und kamen bis dicht ans Eisfeld heran. Ich hatte zwar allerhand Unheimliches von diesen Tieren gehört, ihnen aber nie etwas sonderlich Schlimmes zugetraut. Unmittelbar am Rand des Eisfeldes lag das Hecktau des Schiffes, und an diesem Drahtseil waren die beiden Eskimohunde festgebunden. Ich verfiel gar nicht darauf, daß sie etwa die Aufregung der Schwertwale verursacht haben könnten, und rief nur eilig nach Ponting, der mit seiner Kamera herbeirannte und bereit stand, die Wale beim nächsten Auftauchen auf die Platte zu bringen. Im nächsten Augenblick wölbte sich das Eisfeld unter ihm und den Hunden und barst in Stücke! Man hörte deutlich das dröhnende Geräusch, als die Walfische mit dem Rücken gegen das Eis prallten. Dann tauchten sie in den Spalten, die sie gebrochen hatten, hervor und streckten ihre häßlichen Riesenköpfe zwei, drei Meter über das Wasser, wobei ihre braungelbe Kopfzeichnung, ihre kleinen, funkelnden Augen und ihr schreckliches Gebiß deutlich zu sehen waren. Die Bestien sahen sich offenbar mit größter Gier darnach um, was aus Ponting und den Hunden geworden sei.

Ponting war glücklicherweise auf den Füßen geblieben und hatte sich mit ein paar Sprüngen auf festes Eis gerettet; auch von den Hunden war keiner ins Wasser gefallen, da das Eis zufällig um sie herum und zwischen ihnen geborsten war, aber sie winselten nicht schlecht, als der Kopf eines Schwertwals keine 2 Meter vor ihnen auftauchte. Ob dann den Räubern die Mahlzeit zu unbedeutend vorkam, weil ihnen Ponting dabei fehlte, oder was sonst der Anlaß war: sie verschwanden nach andern Jagdgründen hin. Daß die Wale jeden, der etwa das Unglück hatte, ins Wasser zu stürzen, wegschnappen würden, darauf war ich natürlich gefaßt, aber daß sie mit so überlegter List vorgehen und Eis von fast 1 Meter Dicke zertrümmern können, war uns etwas völlig Neues.

Die naturwissenschaftlichen Handbücher haben also Recht, wenn sie vom Schwertwal oder Mörder melden, daß er an Kraft, Wildheit, Klugheit und Gefräßigkeit alle andern Walarten übertreffe. Die ausgewachsenen Männchen sind durchschnittlich 6, die Weibchen 4 ½ Meter lang. Ihre Zähne – 11 oder 12 auf jeder Seite – messen 8 Zentimeter und stehen 6 Zentimeter über dem Kinnbacken; sie sind überaus stark und scharf, und die kegelförmigen Spitzen greifen ineinander. Man hat den Schwertwal beobachtet, wie er mit einem Seehund zwischen den Kinnbacken über der Oberfläche auftauchte, sein Opfer schüttelte, mit Leichtigkeit zermalmte und mit Behagen verschluckte. Im Magen eines dieser Raubtiere fand man die Überreste von 13 Delphinen und 14 Robben! 3 oder 4 Schwertwale zusammen greifen die größten Bartenwale an, die, vor Schreck gelähmt, oft gar keinen Versuch machen zu entrinnen; ja, sie verbinden sich zu Genossenschaften, um ganze Herden Wale in eine Bucht zu jagen und in Stücke zu reißen. Jedenfalls wissen wir jetzt, wessen wir uns von ihnen zu versehen haben.

Im übrigen ging die Arbeit trefflich von statten. Der Bau der Hütte ist fast beendet; sie steht etwa 3 Meter über dem Wasser, ist also vor Spritzwellen geschützt. Petroleum, Haferschrot für die Ponys und tausend andere Dinge sind schon am Lande, und morgen sollen die Ponys mit der Arbeit beginnen. Die Motorschlitten fuhren heute unablässig hin und her; Ingenieur Day und Kamerad Nelson sind voll Zuversicht. So schwere Lasten, wie ich dachte, können sie aber doch nicht bewältigen.

6. Jan. Ich ging heute zu Fuß über unsere Halbinsel, um ihre Südseite auszukundschaften. Hunderte von Skuamöwen nisten dort und griffen mich, wenn ich vorüberging, an: unter wildem Geschrei flogen sie im Kreis umher und sausten dann aus einer bestimmten Höhe mit großem Ungestüm herunter, bis etwa ein paar Handbreit von meinem Kopf; dann schwangen sie sich wieder empor; die kecksten schlugen mich sogar mit den Flügeln. Im Anfang ist das eine etwas aufregende Sache; aber weiter geht der Angriff der Tiere nie. Mit rührender Geduld gelang es heute Ponting, aus nächster Nähe mehrere wunderhübsche kinematographische Aufnahmen von den Bewegungen dieser Raubmöwe beim Füttern und Warten ihrer Kleinen zu machen.

7. Jan. Mit der Zeit werden die Ponys wohl Leben in die Bude bringen. Schon jetzt gefallen sie sich in allerhand Kapriolen; der Schlitten hinter ihnen und die Glätte des Eises machen sie nervös und störrisch. Ich machte heute 7 Fuhren und kam mit einer Beule und etlichen Schrammen davon. Der Pony Debenhams riß mit seinem Schlitten aus, aber gerade in die Station hinein, wo Rittmeister Oates ihn gleich wieder zu einer neuen Fuhre mitnahm. Mehrere andere rannten, als sie angeschirrt werden sollten, den Hügel hinauf, doch ging noch alles ohne ernsten Unfall ab. Auch ein Hundegespann brannte durch, und ein Hund, der sich überschlug, wurde 1 Kilometer weit geschleift; es scheint ihm aber nicht weiter geschadet zu haben.

Auch sonst haben sich allerhand kleine Plagen eingefunden. Die Sonne strahlte heute blendender als je, infolgedessen haben sich mehrere Fälle von Schneeblindheit ereignet, und an aufgesprungenen Gesichtern und Lippen, Blasen an den Füßen, Schnittwunden und Abschürfungen ist kein Mangel. Aber derlei gehört schließlich zum »Geschäft«.

Nur eine Schattenseite hat unsere augenblickliche Lage. Das Eis in den Spalten, auch hier und dort auf den Feldern selbst, wird schon dünn und schlammig; die Ponys treten oft mit den Füßen durch. Eile scheint geboten, und der morgige Sonntag kann kein Ruhetag sein. Ponting hatte schon ein sehr bedenkliches Erlebnis. Immer darauf erpicht, von eigenartigen Eisbildungen und überraschenden Wasserspiegelungen künstlerische Bilder aufzunehmen, war er, seine Apparate auf dem Schlitten hinter sich herziehend, einem gestrandeten Eisberg zugewandert. Gerade war seine Schneebrille angelaufen, als plötzlich das Eis unter ihm nachgab. Instinktiv eilt er vorwärts, bei jedem Schritt glaubt er durchzubrechen, der Schlitten schleift schon durch Wasser! Ein paar Minuten dauerte diese lebensgefährliche Situation – dann war er wieder auf fester Oberfläche. Wir haben uns diesem morsch werdenden Eis vielleicht doch etwas unvorsichtig mit unserer ganzen Habe anvertraut.

Sonntag, 8. Jan. Das Unglück ist schon geschehen: wir sind vom Schiff abgeschnitten, und ein Motorschlitten liegt auf dem Grund des Meeres! Ich gab dummerweise heute früh die Erlaubnis, den dritten Motor auszupacken. Campbell ließ zur Vorsicht ein Tau daran befestigen, an dem die Matrosen zogen. Plötzlich brach einer von diesen bis an die Schulter ein, und während wir ihn herauszogen, gab das Eis unter dem Schlitten nach, versank plötzlich und mit ihm der Motor! Vom Gewicht des schweren Schlittens gestrafft, schnitt nun das Tau immer schneller durch die Eisdecke und zwang einen der Matrosen nach dem andern loszulassen. Eine halbe Minute später war nichts mehr zu sehen als ein großes Loch! Wir können noch von Glück sagen, daß den Leuten nichts zugestoßen ist, aber der Verlust des Schlittens ist ein harter Schlag für mich! Gleich hinterher folgte die Nachricht, das Eis nahe der Unfallstelle werde mit jeder Stunde unsicherer; seitdem sind wir vom Schiff so gut wie abgeschnitten, und ich verlebe meine erste Nacht im Zelt am Lande.

Glücklicherweise fand ich eine Stelle weiter nördlich, wo Schlittenfahren noch möglich ist und morgen das Schiff anlegen soll. Ich ließ den neuen Weg mit Petroleumkannen bezeichnen.

9. Jan. Ich steckte die Nase erst um ¾ 7 aus dem Zelt, und das erste, was ich sah, war das Schiff, das an der gestern bezeichneten Stelle anlegte. Der neue Weg erwies sich als vortrefflich, und den ganzen Tag sind die Schlitten hin- und hergefahren. Evans untersuchte regelmäßig die Fahrstraße und ließ Risse mit Schnee und Brettern zudecken. Bowers beaufsichtigte alles, was an Land kam; er ist ein großartiger Kerl und kennt jede Kiste auswendig. Deckoffizier Evans überwacht das Bepacken der Schlitten. So war jeder auf seinem Posten. Aber ganz ohne Unfall ging es doch nicht ab! Einer der besten Hunde hustete nach einer Fuhre – 2 Minuten später war er tot. Wir können es uns durchaus nicht leisten, auch nur eins der Tiere einzubüßen.

10. Jan. Heute abend kann ich sagen: wir sind gelandet! Jetzt kann es kommen, wie es will: alles Notwendige ist am Ufer. Auch der Bau der Hütte schreitet rüstig fort: die Seitenwände haben doppelte, das Dach dreifache Bretterverschalung und sind mit Seegras isoliert. Der erste Fußboden ist schon gelegt; darüber kommt Seegras, dann eine Filzlage, eine zweite Verdielung und schließlich Linoleum. Vulkanischer Sand wird ringsum aufgehäuft, so daß unmöglich Zugluft in die Hütte dringen oder Wärme entweichen kann; an der West- und Südseite sind Ballen mit Preßfutter hoch aufgestapelt, und an der Nordseite, zwischen Hüttenwand und einer Mauer aus Futterballen, soll ein Winterstall für die Ponys gebaut werden.

Heute waren alle Ponys, außer zwei unbändigen, unterwegs, und bis zum Abend ereignete sich nichts Besonderes. Dann aber schlug Oates vor, auch mit den 2 unbändigen Tieren einen Versuch zu machen, und nun ging die Hetzjagd los. Der eine Pony riß aus, und als er merkte, daß der Schlitten ihm überall hin folgte, galoppierte er in großen Bogen über Hügel und Blöcke, wobei er fast Ponting und seine Kamera umrannte; schließlich stürmte er ganz erschöpft wieder bergab ins Lager hinein. Bei der nächsten Fuhre erschrak der versuchsweise hinter meinem Schlitten angebundene Pony, zerbiß und zerriß die Halfter und suchte das Weite. Der Schlitten hatte dadurch einen solchen Ruck bekommen, daß nun auch der sonst ganz gefügige Pony, der ihn zog, zu schnauben begann, derart hinten ausschlug, daß ich ihn loslassen mußte, und Evans über den Haufen rannte; schließlich wieder eingefangen und zu einer nochmaligen Fuhre gezwungen, warf er seine Last ab und kam mit dem Schlitten allein ins Lager. Statt der 2 haben wir nun 3 störrische Tiere, und wer sichert uns davor, daß nicht auch die übrigen gerade in gefährlichen Augenblicken außer Rand und Band geraten? Diese unerwarteten Schwierigkeiten haben uns alle sehr verstimmt.

12. Jan. Gestern machte ein Orkan alle Arbeit draußen unmöglich; um so eifriger wurde in der Hütte geschafft. Außer dem Linoleumfußboden und etlichen Kleinigkeiten ist alles fertig.

In einer festen Schneewehe hinter unserm Lager stießen wir beim Graben auf Eis und haben hier unsere Speisekammer ausgehauen, einen 3 Meter langen Tunnel.

Ich kutschierte heute meine Hunde zum erstenmal auf sibirische Art. Schwer war es nicht, aber ich vergaß in kritischen Augenblicken stets die russischen Ausdrücke; wir werden auf der Depotreise noch viel lernen müssen. Am Nachmittag kam vom Schiff die Meldung, daß nur noch Hammelfleisch, Bücher, Bilder und das Pianola abzuholen seien. Die Hütte ist soweit fertig, daß wir einziehen könnten; doch soll das erst in 8 Tagen geschehen; unterdes kann der Zimmermann mit Ruhe arbeiten, die Dunkelkammer, Simpsons meteorologische Ecke und die anderen Nebenräume herrichten. Von morgen ab müssen wir Ballast aufs Schiff schaffen, Gesteinschutt, den wir ja hier reichlich haben, und in 10 Tagen soll die Depotreise beginnen. Ich treffe morgen schon allerhand Anordnungen dafür und bestimme die zur Führung der Hunde und Ponys nötigen Leute. Ich habe auch schon meine Wünsche niedergeschrieben wegen des Tierfutters, das uns die »Terra Nova« im nächsten Jahr mitbringen soll. Bis dahin wird sich entschieden haben, ob ich mein Ziel erreiche – oder nicht.

Einzug ins Winterquartier

Sonntag, 15. Jan. 1911. Ein prächtiger Ruhetag mit glänzendem Sonnenschein und ohne Wind!
Wir standen erst spät auf, da das Frühstück nicht vor 9 Uhr angesetzt war. Um 10 Uhr strömten
Offiziere und Matrosen vom Schiff herüber, und ich hielt am Strande unsern ersten Feldgot-
tesdienst ab, der auf uns alle einen tiefen Eindruck machte.

Nach dem zweiten Frühstück wanderte ich mit einem Schlitten, 9 Hunden und Meares als
Lenker über das Meereis nach der Hüttenspitze. Einen Weg über das Vorgebirge, der mit
dickem Schnee bedeckt war, hatte Meares ausgekundschaftet, und da die Hunde gut zogen,
erreichten wir in schnellem Tempo die Gletscherzunge. Als wir den Gletscher erstiegen hatten,
sahen wir ein wenig rechts das alte, vom »Nimrod« auf Shackletons Expedition im Jahre 1908
angelegte Depot und gingen darauf los; es enthielt viel Preßheu und mehrere Büchsen Mais.
Das offene Wasser reichte schon bis an die Gletscherzunge.

Nun fuhren wir einen bequemen Abhang hinunter, sahen uns aber durch eine 5 Meter breite
Spalte abgeschnitten, mußten also den Gletscher wieder hinauf und ein paar 100 Meter nach
links. Auch hier trafen wir auf eine Spalte, konnten aber an ihrem Rand entlang ziehen und
hatten von da ab glatte Fahrt bis zur Hüttenspitze. Allenthalben an den Spalten lagen Hunderte
von Robben.

Meine alte, im Februar 1902 erbaute Hütte fanden wir zu unserm Verdruß mit Schnee gefüllt.
Shackleton erzählt, die Tür sei vom Wind gesprengt, der Eingang also verschneit gewesen und
er sei durchs Fenster eingedrungen; außer ihm haben andere Mitglieder seiner Gesellschaft die
Hütte als Obdach benutzt. Aber sie haben, als sie fortgingen, das erbrochene Fenster offen
gelassen; infolgedessen war fast die ganze Hütte mit eishartem Schnee gefüllt. An einen Unterschlupf war nicht zu denken, und wir mußten sehen, wie wir uns einen geschützten Winkel
zum Kochen unseres Kakaos zurecht machen konnten.

16. Jan. Die Nacht war unter diesen Umständen wenig erfreulich, und wir standen ziemlich
spät auf. Als wir in scharfem Südostwind, aber bei hellem Sonnenschein den Hügel hinauf-
gingen, war mein Ärger verraucht; doch wird die Instandsetzung der Hütte eine böse Arbeit
werden. Auf dem alten Beobachtungshügel, in der Schlucht, überall lag viel weniger Schnee, als
ich erwartet hatte, und auf den Kraterhöhen zeigte sich ein ungeheures schneeloses Tafelland.
Im Süden sahen wir jenseits der Prahmspitze, wie ehemals, die Preßeisrücken; ein neuer Rücken
erstreckte sich etwa 3 Kilometer entfernt um Kap Armitage herum. Die alten Thermometer-
röhren guckten noch aus dem Schneehang heraus, als ob sie erst gestern hineingesteckt worden
seien, und ein Kreuz, das wir damals zum Gedächtnis eines verunglückten Gefährten errichteten,
hätte erst gestern aufgestellt sein können – so frisch war die Farbe und so deutlich die Inschrift.

Auf demselben Weg, den wir gekommen waren, erreichten wir um die Teestunde wieder
unser Lager. Die heutige Wanderung hat mir aber doch zu denken gegeben. Wenn auch das
Eis beider Buchten schon im März zufrieren mag – um diese Zeit schon Ponys hinüberzufüh-
ren, dürfte doch recht schwer werden. Wir müssen uns also darauf gefaßt machen, auf unserer
Depotreise länger vom Winterquartier abgeschnitten zu werden, als ich mir gedacht hatte.

17. Jan. Heute war feierlicher Einzug in die Hütte. Wir sind alle geradezu überwältigt von
ihrer praktischen Anlage und ihrer Bequemlichkeit. 14 Tage erst sind wir im McMurdo-Sund
und schon so weit, daß ich ruhig die Depotreise antreten kann.

Das Eisfeld zwischen unserm Vorgebirge und dem Schiff bricht los, wunderbarerweise parallel
unserm Verbindungsweg, der noch immer fest ist. Gestern konnte das Walfischboot schon dicht
ans Lager heranrudern. Lange kann jedenfalls das Eis, an dem die »Terra Nova« verankert ist,
nicht mehr halten. Heute trieb ein großer Eisberg nahe an ihr vorüber.

18. Jan. Wie ich voraussah: um 1 Uhr nachts begann das Eisfeld schnell zu bersten, und
kaum war angeheizt, da geriet das Schiff ins Treiben. Doch konnte es sich am Morgen wieder
am Eisrand festmachen. Jetzt liegt es nur 350 Meter von der Hütte entfernt. Allzusicher dürfen
wir aber doch nicht sein – Überraschungen sind erfahrungsgemäß nie ausgeschlossen.

20. Jan. Unsere Hütte streckt schon nach allen Seiten ihre Glieder aus. Bowers' Anbau an der Südseite, ein Schuppen für schnell herbei zu schaffende Vorräte, Pelzsachen, überflüssige Kleidungsstücke usw., springt so weit vor, daß die Eingangshalle der Hütte dadurch Schutz erhält. Die Ställe an der Nordseite sind so gut wie fertig. Nelson hat einen kleinen Ausbau an der Ostseite und Simpson einen Vorsprung an der Südostecke. Ponting hat sich eine Dunkelkammer eingerichtet und alle Zimmermannsarbeit dazu mit staunenswerter Geschicklichkeit selbst ausgeführt. Rennick hat heute das Pianola aufgestellt, das, in einzelne Teile zerlegt, aus dem Schiff herüber gebracht wurde, obgleich es sich eigentlich nicht der Mühe verlohnt. Auch Simpsons Eisgrotte ist schon fast fertig eingerichtet, mit lichtdichter Wandbekleidung, Nischen, Fußboden und allem, was zu seiner wissenschaftlichen Arbeit gehört, und unser Biologe Atkinson hat bereits eine Entdeckung gemacht: Auf dem Vorgebirge wurde ein schon ziemlich weit in der Mauserung vorgeschrittener Kaiserpinguin gefangen, und in seinen Eingeweiden fanden sich Blasen eines Eingeweidewurms – eine Entdeckung von großer Bedeutung auf dem Gebiet der Parasitenkunde, wie Atkinson versichert.

Am 25. soll unsere Depotreise beginnen. Deckoffizier Evans setzt schon die Schlitten zusammen; Bowers sorgt für den Proviant. Schlittenanzüge, Filzstiefel und -schuhe, Sommerwindanzüge, Fausthandschuhe aus Pelz, Finnenschuhe, Pelzstiefel zum Schneeschuhlaufen und Pelzschlafsäcke sind schon ausgegeben. Die Möglichkeit, auf unserer Reise vom Winterquartier abgeschnitten zu werden, zwingt uns, ziemlich viel Lebensmittel und Futter mitzunehmen. Day hofft noch immer viel von den Motorschlitten; ich bin etwas zweifelhafter. Hunde und Ponys vertragen die Kälte gut; nur gegen den Wind sind letztere sehr empfindlich. Doch werden sie sich wohl daran gewöhnen, hat doch die Natur selbst schon dafür gesorgt, indem sie ihnen mit wunderbarer Schnelligkeit dicke Pelze wachsen läßt. Wenn wir nur die Ponys und unsere Vorräte glücklich über die Gletscherzunge hinausbringen, dann habe ich die schönsten Hoffnungen.

21. Jan. Die Sorge um das Schiff ließ mich nicht ruhen, und als ich während der Nacht die Hütte verließ, sah ich gleich, daß es sich in übelster Lage befand. Bei anschwellendem Wind und nördlicher Dünung begann das Eis aufzubrechen, und die »Terra Nova« war völlig dem Winde preisgegeben. Zum Glück hielten noch einige Eisanker. Pennell hatte anheizen lassen, und ich weckte unsere Leute zur Hilfe. Am 6 war Dampf auf, und das Schiff bewegte sich windwärts nach Westen; fast unmittelbar hinterher trieb ein großer Eisberg heran und geriet an der Stelle, wo es noch eben gelegen hatte, auf Grund.

Nachmittags kehrte das Schiff an den nördlichen Eisrand zurück. Als ich aber nachher auf das Eisfeld hinausging, war es auf Grund geraten. Ich sandte Evans als Beobachter im Walfischboot hinaus, ließ die Eisanker einsammeln und verfolgte mit größter Spannung jede Bewegung unseres Schiffes. Wenn es zu Grunde ging oder nicht mehr nach Neuseeland zurückkehren konnte und hier 60 Menschen vergebens auf Erlösung warteten – Vorstellungen dieser Art zermarterten mein Gehirn. Mein einziger Trost war der feste Vorsatz, mich durch nichts in meiner Aufgabe irremachen zu lassen.

Da begann sich das Schiff langsam zu drehen. Ich sah die Matrosen von der einen Seite zur andern laufen, um es abzubringen, und durch das Seitwärtsrollen verstärkte sich die Drehbewegung. Dann saß es abermals fest. Bange Minuten vergingen – die Maschine arbeitete immerfort rückwärts. Endlich wieder eine leichte Bewegung! Ein Hurra an Bord und ein noch lauteres aus dem Walfischboot – die »Terra Nova«, an deren glücklicher Heimkehr unser aller Schicksal hing, war wieder flott! Jetzt liegt sie sicher verankert am Rand des nördlichen Eises.

24. Jan. Morgen soll nun unsere Wanderung beginnen. Wir sind im ganzen 12 Mann: Atkinson und Crean, Leutnant Evans, Forde und Keohane, Meares, Wilson und ich; schließlich Bowers, Oates, Cherry-Garrard und Gran. Dazu 8 Ponys und 26 Hunde. Lebensmittel, Futter und Brennstoff habe ich auf 14 Wochen berechnet. Dazu die Schlitten mit Geschirr, Riemen und Wasserbehälter, Zelt mit Stangen, Seile, Öl, Spirituskocher pond Primusofen, Schlafsäcke, Schneeschuhe, Werkzeuge, die Reserveausrüstung an Kleidern usw. – alles in allem eine Last, mit der Ponys und Hunde ihre Arbeit haben werden.

26. Jan. Der letzte Tag auf der »Terra Nova«. Gestern begab ich mich mit einem Hundege-spann aufs Schiff. Die Fahrt ging soweit ganz gut, bis die Hunde in einer 9 Meter breiten Spalte einen Walfisch erblickten und sofort darauf los stürmten! Es gelang uns nur noch eben, sie zum Stehen zu bringen, ehe sie das Wasser erreichten. Den Tag verbrachte ich mit Briefschreiben und Anordnungen für das Schiff.

Heute nachmittag um 5 Uhr begaben wir uns alle hinaus, um endgültig aufzubrechen. Kurz vorher hatte Pennell die Mannschaft auf dem Achterdeck antreten lassen, und ich dankte ih-nen allen für ihre tüchtigen Leistungen. Sie haben sich sämtlich als tapfere Kerle benommen, eine prächtigere Gesellschaft ist nie zusammen in einem Schiff gesegelt. Schließlich galt es Abschied zu nehmen von all den guten Kameraden, von Campbell und seinen Leuten. Gott schütze sie – und uns!

Erster Vorstoß nach Süden

Sonnabend, 28. Jan. 1911. Wir sind auf dem Marsche! Langsam, aber sicher entgehen wir der Gefahr, mit dem Meereis fortgetrieben zu werden. Heute holten die Ponys die letzte Last aus unserm ersten Lager, und ich suchte einen Weg um den großen neuen Preßeisrücken, der mir am 16. bei meinem Ausflug zur Discoveryhütte aufgefallen war. Das Eis auf der Höhe von Kap Armitage schien gefährlich dünn und war mit unregelmäßigen Schneefahnen bedeckt, es galt also einen Umweg nach Osten zu machen, um auf die Barriere hinauf und dort in Sicherheit zu gelangen. Das Trümmereis jenes Rückens endete im Osten in einer unheimlich großen Welle, deren Tal zur Linken seichtes Wasser zeigte, worin unzählige Seehunde umherplätscherten. Aber dieser Weg schien für die Ponys gangbar.

Ich kehrte daher ins Lager zurück. Dort hörte ich, daß eins der Tiere, das »Jakobsschwein«, lahm geworden sei und Oates sehr pessimistisch in die Zukunft sehe. Noch gestern war er so stolz auf seine Schützlinge! Dagegen waren die Hunde gestern Abend sehr müde. Atkinson hat eine schlimme Ferse und muß den ganzen Tag liegen. Die andern waren gestern in der Discoveryhütte, um zu sehen, ob sie sich ausgraben läßt; ihr Bericht lautete sehr ungünstig. Aber sie haben dort eine große Menge Schiffszwieback, etwas Butter, Kakao usw. gefunden, so daß ich mich um Proviant nicht zu sorgen brauche, falls sich unsere Rückkehr nach Kap Evans verzögern sollte.

Nachmittags führte ich die Ponys 5 Kilometer südwärts zu dem von mir gefundenen Übergang und dann ostwärts. Als wir den Rand der Barriere erreichten, sah ich ½ Kilometer nördlich einen dunklen Gegenstand und ging hin: es waren die Spitzen zweier Zelte, vermutlich Shackletons Zelte, die über die Hälfte im Schnee begraben lagen.

Sonntag, 29. Jan. Heute nach dem Frühstück hielt ich Gottesdienst, und dann begann ein famoser Tag. Die 7 gesunden Ponys machten 2 Fuhren nach der Barriere und legten dabei 33 Kilometer zurück, die Hälfte davon schwer beladen, und doch war keiner erschöpft. Oates' Gaul brannte beim Anspannen durch, zerbrach das Ortscheit des Schlittens und schlug wütend gegen die nachschleifenden Stränge aus. Gran versuchte zum erstenmal, seinen Pony auf Schneeschuhen zu lenken; solange er hinterher lief, war alles gut, als er aber vorauseilen wollte, erschrak das Tier über das Sausen der Schneeschuhe und rannte trotz seiner sonstigen Trägheit weit schneller, als Gran folgen konnte. Die Hunde machten sich ausgezeichnet; sie brachten die erste Last 3 Kilometer über die auf der Barriere niedergelegten Vorräte hinaus bis zu der Stelle, die ich als Sicherheitslager, als großes Depot für den Rückmarsch, bestimmt habe. Ich glaube zwar nicht, daß ein Teil der Barriere wegtreiben wird; aber besser, sich auf alles vorsehen, und unser »Sicherheitslager« muß seinen Namen auf alle Fälle verdienen. Am Nachmittag beförderten die Hunde noch eine zweite Last dorthin, sie haben also an einem Tag 45 Kilometer zurückgelegt!

Wilson hatte mit seinen Hunden endlosen Ärger. Wenn sie Seehunde witterten, waren sie wie toll; dabei lagen Robben zu Hunderten umher und reckten oft urplötzlich aus einem Luftloch im Eis ein paar Meter vor dem Gespann ihren Kopf heraus. Sofort stürmten auch schon die Hunde darauf los. Wenn dann Wilson mit der Peitsche dazwischen fuhr, verwickelten sich Geschirre und Leinen, und während er sie wieder zu entwirren suchte, sauste auf einmal das ganze Elfergespann davon; er konnte höchstens eine Leine oder eine Ecke des Schlittens erwischen und wurde nun mitgeschleift, bis die Köter des Galopps überdrüssig waren.

30. Jan. Sicherheitslager; 77° 55' südl. Breite. Als wir heute auf der Barriere zum Sicherheitslager zogen, hatten wir einen großen Schrecken: die Ponys sanken sehr tief ein, und die letzten 3 Kilometer griffen sie mehr an als der ganze übrige Marsch. Wir hielten deshalb nach dem zweiten Frühstück Kriegsrat und beschlossen, mit Proviant auf 5 Wochen weiter vorzudringen, nach 12 oder 13 Tagen ein Depot mit Lebensmitteln für 2 Wochen anzulegen und dann wieder zurückzukehren.

2. Febr. Zwei verlorene Tage! Wir hatten vorgestern mit dem »müden Willy« die Ponyschneeschuhe probiert, und die Wirkung war zauberhaft! Wo sich das Pferd sonst mühsam abschinden mußte, lief es jetzt wie auf hartem Boden. Meares und Wilson begaben sich daher nach Kap

Evans, um noch mehr dieser Schuhe herbeizuschaffen, kehrten aber gestern mit leeren Händen zurück: das Eis war schon bis über die Finnwalinsel hinaus weggetrieben und der Rückweg nach dem Winterquartier abgeschnitten! Es muß nun also ohne Ponyschuhe gehen!

Atkinson kam der Aufenthalt zugute, aber eine Untersuchung seines Fußes ergab, daß von einer schnellen Heilung keine Rede ist. Infolgedessen müssen er und Crean zurückbleiben, was glücklicherweise geht, da wir ein Extrazelt und einen überzähligen Kochapparat haben. Vorgestern nacht hatten wir zum erstenmal niedrige Temperatur: 16,5° unter 0.

Als wir nun heute vormittag ½ 11 endlich wieder aufbrachen, war es mir eine angenehme Enttäuschung, daß die Ponys wenigstens in der ersten Stunde nicht tief einsanken und auch später trotz schlechterer Oberfläche gut vorwärts kamen, so daß wir 9 Kilometer zurücklegten. Bowers' Pony überanstrengte sich aber dabei so, daß er schließlich ganz mit Schaum bedeckt war. Bei größerer Kälte während der Nacht und am Morgen muß gewiß auf bessere Eisverhältnisse zu rechnen sein. Wir beschlossen daher, von jetzt an Nachtmärsche zu machen. Die Tiere werden sich in den warmen Tagesstunden besser ausruhen können.

So warten wir denn einstweilen in unserm Zelt bis zum Abend. Gran ist auf Schneeschuhen noch einmal zum Sicherheitslager zurück und warum? Des einzigen Paars Ponyschuhe wegen, das richtig dort vergessen wurde! Auf der großen weiten Ebene liegt unser kleines grünes Zelt wie ein winziger Punkt. Der Lärm des Marsches, die überlauten Worte, wenn jeder sein Pferd anfeuert oder schilt, das eilfertige Trippeln der Hundepfoten, das scharfe Aufschlagen der Ponyhufe und das Sausen der Schlitten ist verhallt. Schweigen herrscht in der weißen Wüste, nur ab und zu unterbrochen vom Winseln eines Hundes, Wiehern eines Pferdes oder vom Krachen eines Fußtritts, der die Schneekruste durchbricht. Leicht flattern die Wände unserer Leinwandbehausung, das Summen des Primusofens dringt herüber, und aus dem Ventilator strömt der willkommene Duft des Spirituskochers. Aus Süden treiben Schneewolken heran, bleiche, gelbe Girlanden, die nahen Sturm verkünden und die scharfen Umrisse des Landes nach und nach verwischen. Schneepuder wirbelt umher, dringt wie feinstes Mehl durch jede Ritze, sogar unter die Kopfbedeckung, und sticht wie Sand. Die Sonne wird immer verzerrter, sie blickt scheu durch das auf und nieder tanzende Gestöber und spendet nur fahles, schattenloses Licht. Einer nach dem andern verschwindet in den verführerischen Falten seines Schlafsacks.

3. Febr. Gestern abend weckte ich um 10, und um ½ 1 begann der Marsch. Nach und nach besserte sich die Oberfläche, aber nach 16 Kilometer Weg sank Bowers mit seinem Pony plötzlich in weichen Schnee ein; was ihm folgte, teilte sein Schicksal, und im Handumdrehen zappelten 3 Tiere in einer Schneewehe. Die eingesunkenen Ponys wurden abgeschirrt und langsam auf sicheren Boden geführt, dann die Lasten geholt, und nun feierte der Ponyschuh geradezu Triumphe. Bowers zog seinem schweren Tier das Paar an; einige Minuten lang ging es ungeschickt, aber schnell hatte es sich daran gewöhnt, wurde vor seine Last gespannt, brachte sie heran und noch eine zweite hinterher, und gerade über die Stelle hinweg, in die es vorher eingesunken war! Wenn wir doch 8 solcher Schuhe hätten! Es ist zu ärgerlich, daß diese wertvollen Hilfsmittel statt dessen unbenutzt in der Winterhütte liegen!

Welche Summe von Ungewißheit birgt doch unsere Aufgabe! Jeder Tag bringt eine neue Überraschung, jede Stunde kann ein neues Hindernis drohend heraufsteigen. Aber vielleicht macht gerade dieser stete Wechsel der Gefahr das Spiel so spielenswert!

4. Febr. Ecklager. Ein guter Nachtmarsch von fast 20 Kilometer. Im Anfang mußten sich die Pony sehr abschinden, dann aber besserte sich das Eis, nur daß jetzt mehrere Spalten zu überschreiten waren, in die ein Pony zweimal hineingeriet. Kein Jäger kann seine Schlingen so sorgfältig auslegen, wie die Natur diese grausamen Fallgruben! Die leicht gekräuselte Schneebrücke darüber deutet keinerlei Gefahr an, man sieht sie nicht eher, als bis Mensch oder Tier zappelnd um sich greift.

Zwei weiße Hunde in Meares' Koppel sind darauf dressiert, Fremde anzufallen; an Bord des Schiffes verhielten sie sich ruhig, aber jetzt bellen sie wütend, wenn ein anderer als ihr Führer sich nähert. Als ich heute Meares den Halteplatz bezeichnete, bellten sie mich plötzlich an, und mein alter Freund Osman zwickte mich sogar von hinten leicht ins Bein. Einen Stock hatte ich nicht, und wäre nicht Meares auf dem Schlitten gewesen – die ganze Koppel wäre, der Leitung der weißen Hunde folgend, todsicher über mich hergefallen!

Hunger und Furcht sind die alleinigen Triebkräfte im Hundeleben: ein leerer Magen macht einen wütenden Hund. Im Geschirr sind die Tiere gewöhnlich gute Freunde; sie ziehen Seite an Seite, reiben sich mit den Schultern aneinander, der eine schreitet über den andern weg, wenn er sich legen will, alles ist friedlich und ruhig. Aber sobald das Futter winkt, erwacht ihre Leidenschaft; jeder beargwöhnt den Nachbar, und der kleinste Umstand veranlaßt eine allgemeine Beißerei. Mit gleicher Plötzlichkeit kann sich auch während des Marsches ihre Wut entflammen; ein Gespann läuft mit Schwanzwedeln einträchtig daher – im nächsten Augenblick ist es ein Knäuel wilder, bissiger Teufel. Diese abschreckenden Züge erleichtern einem das Bewußtsein, daß man zur Durchführung menschlicher Pläne wie des meinigen tierisches Leben opfern muß.

Ein Hund muß entweder fressen oder schlafen oder auf irgend etwas aufmerksam sein. Eintönigkeit des Marsches lähmt ihn. Der kleinste Umstand belebt ihn wieder. Das Zerbrechen der Oberflächenkruste, wenn sie mit kurzem, scharfem Knall versinkt, ist für ihn von unerschöpflichem Interesse. Wilsons Leithund Stareek, der klügste alte Hund beider Gespanne, denkt jedesmal, wenn der Boden so dicht bei ihm nachgibt, es müsse ein Kaninchen unter der Kruste stecken, und wendet sich dann blitzschnell mit beiden Vorderbeinen und der Nase im Schnee jener Stelle zu, ohne übrigens das Gespann aufzuhalten. Mukaka, ein kleines, aber tüchtiges und drolliges Tier, bildet mit einem faulen, sehr gefräßigen Hund namens Nugis ein Paar. Jedesmal, wenn der temperamentvolle Mukata bemerkt, daß sein Nachbar nicht zieht, springt er über die Leine, beißt ihn schnell wie der Blitz und ist schon wieder an seinem Platz, ehe der faule Kamerad weiß, wie ihm geschehen ist.

8. Febr. 75 Stunden hat ein Orkan geweht und unsere Geduld auf eine schreckliche Probe gestellt! Die Schneewehen um das Lager waren sehr hoch; die Schlitten mußten geradezu ausgegraben werden. Außerhalb des Zeltes konnte man sich kaum aufhalten; aber die Ponys mußten gefüttert und die Hunde besorgt werden, und bei uns gibt es keine Drückeberger. Im übrigen bestand unsere Tagesordnung aus Essen und Schlafen, Schlafen und Essen – merkwürdig, wieviel man schlafen kann!

Erst gestern nachmittag legte sich der Sturm, die Sonne kam wieder hervor, und bald war der ganze Südhimmel wolkenlos. Die Ponys hat der Orkan sehr angegriffen, das merkten wir auf unserm heutigen Nachtmarsch; alle sehen stumpfsinnig aus, und einige sind sichtlich magerer geworden. Am schlimmsten steht es mit Fordes Pony; Forde zog zuletzt selbst seinen Schlitten und führte das Tier hinter sich her, das wie eine jammervolle Vogelscheuche aussieht. Schon im Schiff ging es ihm schlecht; es hätte gar nicht mitgenommen werden sollen. Die Hunde rollten sich während des Orkans unter dem Schnee zusammen und kamen zu den Mahlzeiten aus dampfend warmen Höhlen heraus; für sie war der Sturm nur eine angenehme Ruhepause.

10. Febr. Unsere Gesellschaft macht sich wieder heraus: vorgestern 19, gestern 20, heute 22 Kilometer bei guter Oberfläche und teilweise sonnigem Wetter. Allmählich lernt man, wie wir die Sache im nächsten Jahr anfangen müssen, wenn die Ponys aushalten. Wenn – !

Abends 9 Uhr kriechen wir aus unsern Schlafsäcken. Gegen ½ 12 brüllte ich Oates zu: »Wie steht's draußen?« Die Antwort lautet, alles sei bereit, und nun hantieren eilfertige Gestalten zwischen Schlitten und Ponys – eine kalte Arbeit für Finger und Füße. Den Tieren werden die Decken abgenommen und die Geschirre angelegt, Zelte und Lagereinrichtung auf die Schlitten geladen, Futterbeutel für die nächste Rast gefüllt und den Ponys die Schlitten angehängt. Wer zuerst fertig ist, wird beim Warten auf die übrigen leicht ungeduldig. Wilson und Meares gehen umher, überall hilfreiche Hand leistend. Mit erstarrten Fingern hält man die Zügel seines Pferdes, das seinen Kopf vom Winde wegdreht, und hier und da knurrt einer.

Endlich heißt es: »Fertig; Bowers voran!«, und dieser führt sein großes Tier vorwärts, immer gleichmäßigen Schritts. Auch die Pferde sind kalt geworden, und sobald das Kommando ertönt, ziehen sie los, einige so stürmisch, daß ihre Begleiter kaum Schritt halten.

Im Anfang geht es lebhaft; dann und wann tritt einer auf eine schlüpfrige Stelle und fällt hin. Das sind die einzigen wirklichen Ereignisse auf dem Marsch. Die schwächeren Ponys bleiben ein wenig zurück, holen uns aber, wenn Rast gehalten wird, wieder ein.

Wenn wir den halben Marsch hinter uns haben, gebe ich auf meiner Signalpfeife ein Zeichen. Dann wendet Bowers ein wenig nach links, seine Zeltkameraden gehen jeder einige Schritt weiter nach rechts, um die nötige Entfernung zwischen den Pferden einzuhalten; Oates und ich machen hinter Bowers und Evans halt, die beiden andern Schlitten unserer Abteilung hinter Bowers' beiden andern. So ist die Lagerformation fertig. In wenig Minuten sind die Ponys angepflöckt und zugedeckt, die Zelte aufgeschlagen und die Kochapparate angezündet.

Inzwischen haben die Hundelenker nach langer kalter Wartezeit im alten Lager den letzten Schlitten gepackt und kommen auf unserer Spur angetrabt. Sie möchten möglichst gleich hinter uns ankommen, und meist gelingt es ihnen auch.

Die Rast dauert 1 bis 1 ½ Stunden, dann geht es weiter. Das Nachtlager wird gewöhnlich gegen 8 Uhr morgens aufgeschlagen, und nach 1 ½ Stunden stecken alle im Schlafsack. Später am Tage bauen wir Schneewälle für die Ponys. Damit ist unsere Tagesordnung erschöpft.

Sonntag, 12. Febr. Die Oberfläche ist so schlecht geworden, daß Evans, Forde und Keohane mit ihren 3 schwachen Ponys zurückgehen müssen! Wir kommen mit solchen Nachzüglern nicht vorwärts; gestern 20, heute nur 18 Kilometer. Wir müssen unbedingt soweit wie möglich an den 80. Breitengrad herankommen. Jetzt sind wir in der Nähe des 79. Grades; dieser Ort soll »Blufflager« heißen.

13. Febr. Wir haben wirklich Pech! Schon wieder liegen wir im Zelt, von einem Schneesturm festgehalten, nachdem wir heute nur 17 Kilometer weiter gekommen sind.

Bowers ist ein Weltwunder; ich habe noch nie einen Menschen gesehen, der so unempfindlich gegen Kälte ist. Die ganze Nacht hat er keine andere Kopfbedeckung als sein grünes Filzhütchen, und doch bleiben seine Ohren und sein Gesicht strahlend rot. Heute abend spazierte er noch eine ganze Stunde, als wir uns längst ins Zelt verkrochen hatten, im Lager umher, um noch hier und da etwas an den Schlitten zu ordnen.

14. Febr. Wieder ein Tag voll Enttäuschungen! Infolge des Orkans lag der Schnee in sandartigen Haufen, und die Ponys sanken oft bis über das Sprunggelenk ein. Gran blieb mit seinem »müden Willy« als Nachhut zurück. Als ich aber dann Oates über die zurückzulegende Entfernung zu Rate zog, meinte er ganz vergnügt: 27 Kilometer im Tag! Das reizte mich ein wenig, und ich marschierte drauflos, bis der Geschwindigkeitsmesser meines Schlittens fast 13 Kilometer anzeigte. Inzwischen war aber der »müde Willy« wohl 1 ½ Kilometer weit zurückgeblieben, und die Hundegespanne näherten sich. Plötzlich hörten wir in der Ferne wütendes Gebell: irgend etwas mußte schief gegangen sein. Oates und ich also hin! Auf halbem Weg begegnete uns Meares mit seinem Gespann und berichtete, was vorgefallen: der »müde Willy« war gestürzt, und kaum bemerkten das die Hunde, als sie Meares einfach durchbrannten und über den Pony herfielen. Das arme Tier wurde ordentlich gebissen, ist aber nicht ernstlich verletzt und hat sich außerdem tapfer gewehrt. Gran hat bei der Abwehr der Hunde seinen Schneeschuhstock zerschlagen, und Meares' Hundestock ist ebenfalls draufgegangen.

17. Febr. Ein-Tonnen Lager. Die Ponys können nicht weiter, wir müssen umkehren. Die Oberfläche wurde vorgestern geradezu scheußlich: allenthalben Schneewehen, deren Schnee sich an die Kufen der Schlitten heftete, und leichte Eiskrusten, die unter jedem Schritt der Tiere zerbrachen.

Die Temperatur sank während des gestrigen Nachtmarsches auf 29 ½ Grad unter 0. Einige von uns scheinen solche Frühlingsreisen etwas angreifend zu finden. Oates' Nase ist immer drauf und dran zu erfrieren, und Meares hat eine schmerzhafte Zehe. Selbst Bowers' Übermut rächte sich gestern. Wie gewöhnlich zog er mit seinem Filzhütchen daher. Auf dem Marsch sah ich plötzlich, daß seine Ohren ganz weiß waren. Cherry und ich rieben sie, bis das Blut zurückkehrte, während der Patient dabei nichts weiter empfand, als Ärger über diese widerspenstigen Körperteile. Auch bei mir zeigte sich eine leichte Froststelle in der Backe, und Cherry-Garrard ging es ebenso. Also kehrt!

Es ist zwar schade, daß wir nicht bis zum 80. Breitengrad gekommen sind und das Ein-Tonnen-Depot schon auf 79° 28' südlicher Breite errichten müssen, aber wir werden im nächsten Jahr auch hier einen guten Stützpunkt haben und können auf alle Fälle bis hierhin die Ponys ausreichend füttern. Wir haben heute hier niedergelegt: Proviant auf 7 Wochen, Öl auf 12 Wochen, ferner Schiffszwieback, Haferschrot, Hundekuchen und Preßheu, im ganzen 990 Kilo. Schließlich haben wir den 2 Meter hohen Depothügel so gut markiert, daß er viele Kilometer weit zu sehen sein muß. Außer der Fahnenstange mit der schwarzen Flagge haben wir volle und leere Blechbüchsen aufgestapelt, die als Blinklichter dienen sollen.

Mit den Hunden in einer Eisspalte

Sonnabend, 18. Febr. 1911. Mir lag jetzt vor allem daran, schnellstens über das mich etwas beunruhigende Schicksal der 5 zurückgekehrten Kameraden und ihrer 3 Ponys Gewißheit zu erhalten, und wir machten heute 3 Märsche von insgesamt 43 Kilometer!

21. Febr. Wie gewöhnlich brachen wir heute um 10 Uhr abends auf. Im Anfang war es noch einigermaßen hell, aber dann wurde es plötzlich so finster, daß wir fast nichts mehr vor uns sehen konnten. Nach 1 1/2 Stunden kamen wir an Preßeisrücken mit nebelhaften Umrissen. Plötzlich versanken die mittleren Hunde meines Gespanns, und einen Augenblick später waren sie alle wie fortgeblasen; immer 2 und 2 verschwanden in einem Abgrund. Nur Osman, der Leithund, spannte seine mächtige Kraft aufs äußerste an und hielt sich krampfhaft oben. Wir waren über die Schneebrücke einer Eisspalte gefahren, der Schlitten am Rande stehen geblieben, nur Osman glücklich hinübergekommen; die übrigen Hunde baumelten in ihrem Geschirr über dem Abgrund, zwischen Schlitten und Leithund aufgehängt.

Wir verankerten sogleich den Schlitten auf dem festen Eis und sahen dann in die Spalte hinunter. Die Hunde heulten und ängstigten sich offenbar gräßlich. Zwei waren aus ihrem Geschirr herausgeglitten und noch weiter abgestürzt; sie lagen tiefer unten auf einer andern Schneebrücke. Durch das schwere Gewicht der Hunde hatten sich die Zugleinen so tief in den Spaltenrand eingeschnitten, daß sie gar nicht zu fassen waren. Mein armes Gespann schien unrettbar verloren!

Wilson und Cherry-Garrard eilten jetzt zu Hilfe herbei. Die ersten Minuten hindurch war alles, was wir hastig zugreifend versuchten, durchaus nutzlos. Wir konnten weder den Hauptstrang des Schlittens, noch die Leine, die den armen Osman mit erdrosselndem Druck an den Schnee fesselte, einen Zoll breit lockern.

Dann kam uns plötzlich ein rettender Gedanke. Wir rissen das Gepäck vom Schlitten herunter und brachten Schlafsäcke, Zelt und Kochapparat in Sicherheit. Erstickende Töne von Osman herüber verrieten, daß er schnellstens von der ihn erdrosselnden Leine befreit werden müsse. Ich schob nun die Zeltstangen quer über die Spalte und brachte es mit Meares' Hilfe fertig, die Zugleine daran festzubinden. Dann wurde Osmans Geschirr zerschnitten, und er war erlöst.

Hierauf befestigten wir ein Seil am Hauptstrang und begannen gemeinsam zu ziehen. Ein Hund kam ans Tageslicht und wurde losgeschirrt, aber schon hatte sich auch das Seil so weit in den Rand der Spalte eingeschnitten, daß jeder Versuch, es weiter hochzuziehen, vergeblich war.

Aber wozu hatten wir den Schlitten? Wir machten ihn los und schoben ihn über die Spalte. Wilson blieb bei dem verankerten Hauptstrang, während wir vom Schlitten aus die Leine heraufzogen. Aber diese war zu dünn, um die ganze Last zu tragen; Meares wurde deshalb in die Spalte hinabgelassen, um das wieder losgemachte Seil am Hauptstrang zu befestigen. Nun ging das Rettungswerk in besserer Ordnung vor sich. Wir zogen die Tiere je 2 und 2 zum Schlitten hinauf und schnitten eins nach dem andern aus seinem Geschirr heraus. 11 von unsern 13 Hunden waren gerettet.

Jetzt blieben nur noch die beiden letzten übrig, die tiefer drunten lagen. Aber wie an sie herankommen?

Wir ließen zunächst das Seil hinunter, um zu sehen, ob es bis auf die untere Schneebrücke, 20 Meter tief, reichte, dann legte ich mir das Seil um, und die andern ließen mich hinab. Die Schneebrücke war fest, und beide Hunde lagen friedlich zusammengerollt und schliefen; sie hatten sich wunderbarerweise kein Glied gebrochen und freuten sich sehr, als sie mich erblickten. Ich band den einen an das Seil, er kam glücklich hinauf, und dann auch den zweiten. Als der letzte eben über dem Rand der Spalte angelangt war, drang von droben her ein Geheul und Geschrei undeutlich zu mir in die Tiefe hinunter. Eine Weile lang waren das Rettungsseil und die Köpfe der Kameraden verschwunden, und ich wollte mich schon in der Spalte ein wenig weiter umsehen, denn eine solche Gelegenheit kam wohl so bald nicht wieder. Doch da kehrten die andern an den Rand der Spalte zurück, und 3 Mann zogen mich mit großer Anstrengung heraus.

Jetzt hörte ich, warum ich da unten einige Augenblicke verlassen hatte warten müssen. Die geretteten Hunde, die noch frei umherspazierten, hatten die Gelegenheit benutzt, mit dem zweiten Gespann anzubinden; daraus hatte sich eine allgemeine Beißerei entwickelt, so daß man kaum die Kämpfer auseinanderbringen konnte.

Wir durften uns Glück wünschen, der Gefahr auf wunderbare Weise entronnen zu sein. Wäre der Schlitten mit uns abgestürzt, so wären wir zweifellos sofort tot gewesen. Die Hunde haben sich tapfer gehalten, aber das Ereignis hat doch ziemlich verheerend auf sie gewirkt: 3 verloren Blut und haben innere Verletzungen.

22. Febr. Sicherheitslager. Heute früh 4 ½ Uhr erreichten wir, der Nachhut vorauseilend, das Sicherheitslager und trafen dort Evans, Keohane und Forde in bester Gesundheit, aber zu meinem Schrecken nur mit einem Pony, statt der 3, die sie mit zurückgenommen hatten! Fordes Pony war nur noch 7 Kilometer über das Blufflager hinaus gekommen und dem nächsten Orkan zum Opfer gefallen; 20 Kilometer weiter ging es mit dem zweiten Pony ebenso! Ein schwerer Verlust für uns! Dagegen hat sich Keohanes »Jakobsschwein« merkwürdig gut gehalten.

Wo aber sind Atkinson und Crean? Sie haben eine Menge Futterballen ins Sicherheitslager gebracht und etwas Seehundsfleisch hier hinterlassen; aber keine Spur verrät, wo sie stecken! Abends 10 Uhr. Heute mittag gingen wir nach der Hüttenspitze und stießen dort auf ein neues Rätsel: die Discoveryhütte war vom Eis befreit und bewohnbar, aber kein Mensch in ihrer Nähe. Einige Bleistiftzeilen an der Wand sagten, daß Briefe für mich in der Hütte lägen, aber auch davon keine Spur! Wir rieten hin und her, schließlich kamen wir auf die Lösung des Rätsels: Während wir auf dem Weg zur Hüttenspitze waren, sind Atkinson und Crean jedenfalls nach dem Sicherheitslager gegangen. Bald fanden wir denn auch ihre Schlittenspur und eilten nun schnell zurück.

Wie atmete ich auf, als ich, außer unsern beiden Zelten, noch ein drittes im Sicherheitslager entdeckte! Aber jede Begebenheit des heutigen Tages verblaßte vor dem Inhalt eines Briefes, den mir Atkinson übergab: Er enthielt die Nachricht, daß der Norweger Amundsen, der ebenfalls eine Südpolexpedition unternommen hat, in der Walfischbucht im Winterquartier liegt! Eine sehr ernste Störung meiner Pläne! Er ist dem Pol 110 Kilometer näher als ich, und ich hätte nie gedacht, daß er so viele Hunde sicher auf die Eisbarriere bringen könnte. Vor allem kann er mit Hunden seine Reise schon früh im Jahr antreten; mit Ponys ist das unmöglich. Gleichviel: ich darf mich durch Amundsens Vorgehen nicht beirren lassen und bleibe bei meinem ursprünglichen Plan, als wenn ich nichts von Amundsen wüßte. Vorwärts also ohne Furcht und Zaudern!

27. Febr. Heute liegen wir wieder im Zelt, von einem furchtbaren Orkan festgehalten. Der Schneesturm ist so stark, daß wir kaum unser Kochgeschirr hereinholen konnten. Derselbe Sturm muß auch die Nachhut überrascht haben – ich fürchte das Schlimmste!

28. Febr. Sicherheitslager. Gott sei Dank, die Nachhut ist da! Ihre 5 Ponys sehen zwar traurig aus, leben aber wenigstens noch!

Heute sollte der allgemeine Marsch zur Hüttenspitze vor sich gehen. Gegen 4 Uhr kamen die Hunde mit Wilson und Meares auch glücklich auf den Weg. Als aber die Ponys angeschirrt wurden, zeigten sich die Verheerungen, die der gestrige Orkan angerichtet hat: Die Tiere waren sämtlich furchtbar mager und der »müde Willy« in einem kläglichen Zustand; er sollte unbeladen als letzter gehen, stürzte aber sofort und konnte nicht weiter.

Bowers, Cherry-Garrard und Crean zogen daher mit den 4 leistungsfähigen Ponys ab, während Oates und Gran bei mir blieben. Mit vereinten Anstrengungen brachten wir den armen Willy noch einmal auf die Beine und fütterten ihn mit heißem Haferbrei; aber ein paar 100 Meter weiter stürzte er wieder und blieb liegen, obgleich er die kläglichsten Versuche machte, sich wieder aufzurichten. Wir schaufelten ihm einen Schneewall, wickelten ihn warm ein und müssen nun abwarten.

1. März. Der Pony starb über Nacht. Die Orkane töten uns alle Tiere, und wir müssen im nächsten Jahr noch später aufbrechen. Diese Erfahrung habe ich teuer erkauft. Jetzt bleibt unsere wichtigste Aufgabe, die übrigen Ponys gesund nach Kap Evans zurückzubringen.

Eine furchtbare Nacht

Donnerstag, 2. März 1911. Wenn es so weitergeht, wie in den letzten 48 Stunden, ist meine Expedition zugrunde gerichtet.

Oates, Gran und ich zogen gestern morgen unsern Schlitten zum Ponyfutterdepot, das nicht ganz 1 Kilometer vom Rand der Barriere entfernt ist. Der Himmel war völlig schwarz, und wir tappten in der Finsternis mühsam einher. Als wir uns dem Depot näherten, wurden nach und nach riesige Felder mit Eistrümmern sichtbar: das Meer war voller Eisstücke, die vom Rand der Barriere abgebrochen waren!

Eine furchtbare Besorgnis befiel mich: Wo waren die vorausgesandten Ponys und die Hundegespanne nebst ihren Begleitern?

Wir wendeten sofort nach rechts, am Rand der Barriere entlang. Plötzlich öffnete sich unmittelbar vor uns im Eis eine Spalte. Wir eilten darüber weg und mäßigten unsern Schritt erst, als wir 500 Meter weiter waren. Aber immer neue Spalten bildeten sich, und so ging es im Laufschritt weiter, bis wir zwischen Sicherheitslager und Burgfelsen waren.

Zuerst mußte Evans gewarnt werden, der mit seiner Abteilung meiner Spur folgen sollte. Ich schrieb ein paar Warnungszeilen an ihn, und Gran brachte sie zum Ponyfutterdepot zurück, während Oates und ich trostlos unsere Lage überlegten. Soviel war gewiß: Wenn die Hundegespanne oder Bowers mit den Ponys schon an der Hüttenspitze waren, dann hätten sie sofort einen Boten geschickt, um mich zu warnen; dieser hätte längst bei uns sein müssen – beide Abteilungen waren also noch auf dem Wege!

Eine halbe Stunde verging in ratloser Überlegung. Da erschienen plötzlich in der Richtung der Prahmspitze zwei dunkle Flecke. Sie kamen näher und näher – ich eilte ihnen entgegen – es waren Wilson und Meares. Sie waren sehr erstaunt und erfreut, mich zu sehen, denn sie hatten gefürchtet, daß ich es sei, der – mit den Ponys auf dem Meereis forttrieb!

Wilson und Meares waren am 28. Februar mit beiden Hundegespannen unserer Spur vom Hinmarsch gefolgt und glücklich über die Eiswälle gelangt, wo die vielen Robben lagen. Dicker schwarzer Nebel verdeckte jede Aussicht, aber je näher sie Kap Armitage kamen, um so zahlreicher wurden die ganz frischen Risse im Eis, unzweifelhaft eine Folge der Dünung. Bei der nächsten Flut, die schon in einer halben Stunde eintreten konnte, mußte jeder Riß sich zu einem breiten Spalt mit offenem Wasser erweitern; was dann ihrer wartete, war klar: sie trieben im besten Fall auf einer Eisscholle ins Meer hinaus. Sie machten sofort kehrt und steuerten auf die Schlucht unterhalb des Burgfelsens los. Unterdes war es Abend geworden. Auf einmal sahen sie die Ponyabteilung (wie sie glaubten, unter meiner Führung) nur etwa 800 Meter entfernt. Sie waren daher fest überzeugt, die Ponyabteilung müsse sie gesehen und das plötzliche Abbiegen von ihrem Kurs bemerkt, ja das Knallen ihrer Peitschen gehört haben. Auch waren sie infolge der überall liegenden Robben so mit ihren Hunden beschäftigt, daß sie sich nicht weiter umsehen konnten.

Als sie auf der Hüttenspitze mit dem Aufschlagen des Zeltes fertig waren, kehrten sie mit Hacke und Schaufel nach dem Eisfuß zurück, um einen Weg für die Ponyabteilung zu ebnen, die jeden Augenblick eintreffen mußte. Aber jetzt war von den Ponys weit und breit nichts zu sehen! Auf einmal entdeckten sie sie draußen auf dem Meereis, eben da, wo alle 30 Schritt weit eine tätige Spalte gewesen war! Durch das Fernglas beobachteten sie, daß auch der Führer der Ponyabteilung die drohende Gefahr zu erkennen schien. Er machte kehrt – wandte sich aber, statt der Schlucht, südwärts dem Barrierenrand und der Weißen Insel zu. Dort mußte er allerdings auf sicheres Eis stoßen. Die beiden am Lande beruhigten sich daher und legten sich zwischen 11 und 12 Uhr schlafen, nachdem Wilson sich noch einmal vergewissert hatte, daß die Ponyabteilung, wie er wenigstens glaubte, auf festem Barriereneis kampierte.

Um 5 Uhr morgens wachte er auf. Die Unruhe trieb ihn sofort aus dem Zelt. Entsetzt fuhr er zusammen: das ganze Meereis war in Bewegung, und auf den wogenden Schollen trieb in weiter Ferne die Ponyabteilung fort! Wilson sah deutlich, wie Ponys und Schlitten von einer Scholle auf die andere übersetzten, um sich dem festen Barriereeis wieder zu nähern.

Natürlich war sein erster Gedanke, zu helfen. Das Eis, auf dem die beiden gestern bis zur Schlucht gekommen, war heute ebenfalls aufgebrochen und nach dem Meer zu in Bewegung. Sie ließen daher die Hunde zurück, kletterten über den Kraterhügel nach der Prahmspitze und eilten von dort auf das Sicherheitslager zu, wo sie mich fanden.

Ohne Frühstück waren sie aufgebrochen; wir bereiteten ihnen daher schnell eine Tasse Kakao. Aber nun hieß es: Was beginnen? Da gewahrte Wilson plötzlich eine Gestalt, die vom Schauplatz der Katastrophe her auf das Ponyfutterdepot zueilte. Gran lief auf Schneeschuhen hin, um sie abzufangen. Es war Crean. Völlig erschöpft kam er an und berichtete mir nun das Vorgefallene.

Die Ponys hatten gestern abend auf dem Meereis kampiert, ziemlich weit jenseits der Robbenrinne. Mitten in der Nacht entdeckte Bowers, daß rings umher das Eis aufgebrochen war. Eine Spalte lief unter der Halteleine der Ponys hin, und ein Pony war verschwunden! Hals über Kopf wurde zusammengepackt, und nun versuchten die drei Männer, die Tiere von einer Scholle zur andern springen zu lassen. Das Gepäck zogen sie selbst hinterdrein, eine Arbeit, die Mut und Ausdauer auf die furchtbarste Probe stellte. Schon hatten sie sich nach dem Rand der Barriere hingearbeitet, als sich herausstellte, daß davor überall breite Spalten klafften, deren Überschreitung mit den Tieren ganz unmöglich war.

In dieser verzweifelten Lage hatte sich Gran erboten, mich aufzusuchen. Als er aufbrach, war das Meer wie ein schäumender Kessel gewesen, und an allen Seiten der Eisschollen hatten sich Schwertwale gezeigt. Von Scholle zu Scholle springend, hatte er eine große Strecke auf dem Treibeis zurückgelegt und schließlich ein dickes Eisfeld erreicht, von dem aus er mit Hilfe seines Schneeschuhstockes den Barrierenrand erklettern konnte.

Da wir nur 3 Schlafsäcke hatten, schickte ich Gran mit Wilson und Meares nach der Hüttenspitze zurück, um nach den Hunden zu sehen; ich selbst eilte mit Crean und Oates nach der Unglücksstelle. Im Sicherheitslager luden wir etwas Proviant und Öl auf und näherten uns dann mit größter Vorsicht dem Eisrand. Bald hatten wir die verlorene Abteilung entdeckt und das Rettungswerk begann.

Das Eis hatte aufgehört zu treiben und lag jetzt ziemlich ruhig dicht am Barrierenrand. Mit Hilfe des Seils zogen wir zunächst Bowers und Cherry-Garrard herauf. Das war am Nachmittag um ½ 6 Uhr; ehe Schlitten und Gepäck ebenfalls oben waren, wurde es 4 Uhr morgens! Und als wir gerade die letzten Lasten hinaufschleppten, begann das Eis sich wieder in Bewegung zu setzen. An eine Rettung der drei Ponys war einstweilen nicht zu denken. Die armen Tiere mußten, gut gefüttert, vorerst auf ihrer Scholle bleiben.

Als wir uns am Morgen um 8 Uhr wieder erhoben, waren die Ponys fort! Wir hatten ihre Eisscholle mit dem Seil festgemacht, aber sie hatte sich losgerissen und trieb nun irgendwo im Meer herum. Ein furchtbarer Verlust, der gar nicht mehr gut zu machen war!

Wir packten zusammen und beschlossen am Rand der Barriere entlang zu ziehen. Da erblickte Bowers plötzlich durch den Fernstecher die Ponys ungefähr 2 Kilometer weit im Nordwesten. Eine gnädige Vorsehung hatte die Strömung am Barrierenrand hintreiben lassen. Mit neuer Hoffnung machten wir uns auf den Weg und gelangten ohne Schwierigkeit zu den armen Tieren hinunter.

Aber nun ereignete sich ein unglückseliges Mißverständnis. Ich fand einen Weg, auf dem die Ponys die Barriere hinaufgeschafft werden konnten. Aber die Kameraden verstanden mich falsch und ließen eins der Tiere über eine Spalte springen. Es fiel hinein, und nun blieb nichts übrig, als es zu töten. Ein entsetzliches Unglück!

Jetzt rief ich alle Mann herbei. Bowers und Oates kletterten mit einem Schlitten hinunter, arbeiteten sich zu den beiden überlebenden Ponys hin und brachten sie glücklich zu mir herauf. Schon glaubte ich wenigstens diese beiden Tiere gerettet, da glitt ein Pony aus und stürzte ins Wasser. Wir zogen ihn noch auf eine Scholle herauf, obgleich uns die Schwertwale auf allen Seiten in größter Aufregung umdrängten; aber das arme Tier konnte sich nicht wieder erheben, und so war das einzige, was wir ihm noch Gutes antun konnten, auch seinem Leben ein Ende zu machen. –

Morgen also zur Hüttenspitze – das wird ein trauriger Marsch!

In Sicherheit auf der Hüttenspitze

Montag, 6. März 1911. Als wir Freitag abend mit dem Aufrichten unseres Zeltes beschäftigt waren, sah ich 4 Gestalten auf uns zukommen. Es waren Evans, Atkinson, Forde und Keohane mit seinem Pony, alle wohlauf. Als sie am Montag, vom Ecklager mir folgend, auf offenes Wasser stießen, waren sie wieder umgekehrt, hatten sich unterhalb des Burgfelsens auf festes Land gerettet und auf der Höhe einen guten Lagerplatz gefunden. Mir fiel ein Stein vom Kerzen, als ich hörte, daß ein gangbarer Weg dort hinaufführe. Nachher kehrten sie wieder in ihr Lager zurück.

Gestern morgen begab sich Atkinson nach der Hüttenspitze, um Wilson von unserer Ankunft zu benachrichtigen. Evans kam uns mit seinen Leuten entgegen und war uns bei dem Aufstieg zu seinem Lager behilflich. Oates führte unsern Pony ohne große Schwierigkeit hinauf, und als wir oben frühstückten, kam Atkinson bereits von der Hüttenspitze zurück, und mit ihm Gran, den er auf halbem Weg getroffen hatte. Gran schickte ich zum Sicherheitslager Zucker und Schokolade holen, ließ dann Evans, Oates und Keohane zurück und zog mit den andern 6 nach der Hüttenspitze.

Hier verbrachten wir die Nacht. Wilson, Gran und Meares hatten sich notdürftig eingerichtet. Mit Holz und Zündhölzern waren sie mehr als sparsam umgegangen; sie konnten ja nicht wissen, ob Bowers' Gepäck gerettet worden war; es enthielt die Vorräte, von denen unter Umständen 12 Personen 2 Monate lang leben mußten. So hatten sie täglich nur 1 Stunde zum Kochen geheizt; dabei besaßen sie nur 2 Schlafsäcke, mußten also abwechselnd schlafen und zitterten nachts vor Kälte. Einen Teil der Hunde hatten sie aus der Schlucht glücklich heraufgeschafft.

Am andern Morgen brachte Evans unser übriges Gepäck, und Oates und Keohane führten die beiden Ponys. Nachher holten wir den Rest der Hunde und erreichten alle wohlbehalten die Hütte. Da ich Leute und Tiere in Sicherheit wußte, konnte ich diese Nacht wieder einmal in Ruhe schlafen.

9. März. Als ich Dienstag mit Wilson zur Prahmspitze hinüberging, war das Meereis der Prahmspitzenbucht nicht fortgetrieben. Es wimmelte von Seehunden; wir erlegten einen und kamen mit einer stattlichen Beute Fleisch und Speck zurück. Unterdes hatten die übrigen mit Einrichten der Hütte Fortschritte gemacht. Wir haben ein großes L-förmiges inneres Gemach mit Packkisten abgestellt und die Lücken zwischen den Kisten mit Filzdecken verstopft. Aus einer Petroleumkanne und einigen Schamottesteinen bauten wir einen kleinen Ofen, der an das alte Ofenrohr paßte. Auf ihm kochen wir unsere Mahlzeiten, während wir Tee oder Kakao auf einem Primuskocher bereiten. Der Ofen fraß aber so viel Feuerung, daß er gleich in einen Speckofen verwandelt werden mußte. Die Temperatur in der Hütte ist natürlich niedrig. Im übrigen haben wir es ganz behaglich. Schiffszwieback ist in unbegrenzter Menge vorhanden, Kakao, Kaffee und Tee ziemlich viel, Salz und Zucker werden ausreichen. Die Robben an der Prahmspitze müssen uns mit Fleisch versorgen – Schiffszwieback in Robbenspeck gebraten, schmeckt sogar köstlich – , und ein kleines Lager von Delikatessen, wie Schokolade, Linsen, Rosinen, Hafermehl, Sardinen und Marmelade, wird einige Abwechslung in unsere Küche bringen.

13. März. Unser Speckofen macht uns Verdruß. Er raucht so, daß wir alle schwarz werden wie Schornsteinfeger. Die Rückkehr nach Kap Evans steht noch in weiter Ferne, unser ganzes Denken konzentriert sich daher auf den Ofen, die Kocherei und die verschiedenen häuslichen Arbeiten. Die Hütte stinkt greulich nach Tran und Speck.

16. März. Es weht unausgesetzt aus Süden; ich kann mich nicht erinnern, je einen so hartnäckigen Südwind hier erlebt zu haben. Alle Tage ging ich zum Kraterhügel hinauf voll Furcht, unser Eisfeld an der Prahmspitze werde wegtreiben. Dann wäre es aus mit unsern Seehundsbraten. Einstweilen ist es noch da; wir machten gestern große Jagd auf Seehunde, erlegten 11 Stück und schleppten 5 Zentner Speck und Fleisch zur Hütte hinauf.

21. März. Die See tost und brandet unaufhörlich auf dem Eisfuß; das Spritzwasser ging gestern direkt über die Hüttenspitze weg, setzte alle Sachen draußen unter Wasser und regnete

uns aufs Dach. Seit unserer Ankunft ist das der dritte Südsturm – eine durchaus ungewöhnliche Erscheinung. Der Eisfuß an der Südwestecke der Bucht ist abgebrochen, so daß das nackte Gestein zum erstenmal zutage tritt. Auch unsere Robbenscholle ist leider fortgetrieben.

24. März . Wir haben unsere Lebensmittel gezählt und uns auf weitere 20 Tage Hierbleiben eingerichtet. Ja, das Glück lächelt mir nicht gerade! Aber es könnte noch schlimmer stehen. Wäre ich nur nicht des Wartens so überdrüssig! Und wäre nicht das ewige Grübeln über das Unheil, das unsere Transportmittel getroffen hat! Mein ursprünglicher Marschplan muß völlig geändert werden! – Auch im Winterquartier werde ich vor Ungeduld vergehen. Bis an den Pol ist noch ein weiter, weiter Weg!

Sonntag, 26. März. Morgen in 8 Tagen wollte ich wieder in Kap Evans sein! Aber das Eis macht noch keine Miene, fest zu werden. Südlich von der Hüttenspitze hat es sich gehalten, aber nach Norden, also gerade in unserer Richtung, hat es sich auf 1 1/2 Kilometer weit geöffnet. Recht verdrießlich!

28. März. Langsam, langsam friert das Meer zu! Es sollte mich nicht wundern, wenn wir bis zum Mai warten müßten! Doch wir haben zu leben, und das ist schon etwas. Eine Woche lang können wir uns noch allerhand leisten, dann werden wir allerdings mit den »Delikatessen« sparsamer umgehen müssen. Aber Robbenfleisch, Speck und Schiffszwieback reichen noch lange. Heute tauchten dicht neben der Hüttenspitze zwei Finnwale auf. Obgleich das Eis nirgends dick ist, schwammen sie doch zum Atemholen immer nach den offenen Rinnen und dünnen Stellen.

Sonntag, 2. April. In der Nacht hatten wir ein wunderbares Südlicht. Ein breites Lichtband zog sich von Südsüdwest nach Ostnordost über den Himmel, mit zwei flimmernden Spiralen 10° vom Zenit entfernt. Die tiefste Temperatur betrug in der Nacht 21° unter 0, und das Meer war heute morgen nach Norden hin mit Eis bedeckt. Bis nach Kap Evans bildet es jetzt schon eine zusammenhängende Straße, nur ist es bis zur Gletscherzunge noch sehr dünn. Ein paar windstille Tage, und wir wären erlöst!

5. April. Heute morgen ist überall Eis; ich denke, jetzt wird es liegen bleiben. Zum erstenmal seit vielen Tagen endlich wieder Sonnenschein! Wenn dies Wetter nur einen Tag hält, bin ich aus all meinen Sorgen heraus. Es wird Zeit aufzubrechen; Zucker haben wir fast gar nicht mehr. Die Robben kommen jetzt häufig in unsere Bucht hinein; gestern abend fünf. Die Hunde haben glücklicherweise nichts von ihnen gemerkt, auch sind sie noch nicht dahinter gekommen, daß das Eis sie schon tragen kann.

7. April. Als ich heute nordwärts über das Eis ging, stellte ich fest, daß es überall etwa 13 Zentimeter dick war, ausgenommen in den Wasserrinnen, die vielfach ganz offen waren. Je weiter ich vom Land abkam, um so eigenartiger wurde die Eisfläche; sie zeigte kleine, eierkuchenartige Eisscheiben, die kreuz und quer übereinandergeschoben und zu einer Art Mosaik emporgepreßt waren. Soweit wäre für unsere morgige Heimreise alles in Ordnung; aber heute abend überzieht sich der Himmel so dunkel, daß ein Wetterumschlag zu befürchten steht. Mehr als 3 schöne Tage hintereinander scheint es hier unten nicht zu geben. In unserer Hütte ist es unterdes so behaglich geworden, daß wir fast ungern von ihr fortziehen.

Zurück über das Eis nach Kap Evans

Montag, 10. April 1911. Ich wollte heute nach Kap Evans aufbrechen, aber als wir bereit waren, bewölkte sich der Himmel vollständig, und bald schneite es, bis die Sonne unterging. Ein Glück, daß wir nicht schon auf dem Marsch waren! Schlimmeres Wetter für unser an sich schon gefährliches Vorhaben läßt sich gar nicht denken!

13. April. Heute 9 Uhr morgens verließen wir endlich die Hüttenspitze. Wilson blieb als Kommandant mit 6 Gefährten hier; ebenso die Hunde und die Ponys. Die Zurückbleibenden halfen uns den Schneeabhang hinauf, denn wir wollten soweit wie möglich über Land gehen. Wir marschierten bis über die Ostseite des Burgfelsens hinauf, überstiegen den Bergrücken und zogen an seiner Westseite weiter. In der zunächst liegenden Bucht schien die Eisfläche noch sehr klein. Also vorwärts am Bergrücken entlang bis an die Hultonfelsen, 14 Kilometer von der Hüttenspitze!

Zwischen Hultonfelsen und Erebus war der ganze Abhang voller Spalten und Risse; wir schlugen daher einen deutlich erkennbaren Pfad nach dem Rande der Klippen ein. Tief hinunter kamen wir aber nicht; der niedrigste Teil war immer noch ein Meter hoher, jäher Absturz. Unterdes war der eisige Wind zum Sturm geworden, Schnee wirbelte in mächtigen Wolken von der Höhe herab – wir mußten einen schnellen Entschluß fassen.

Ich kroch nach dem Rand hin und hieb feste Stufen ein, um von ihnen aus das Seil handhaben zu können; dann ließ ich 3 Leute daran hinunter und schickte ihnen die Schlitten nach, die voll beladen ganz großartig unten ankamen. Ihnen folgte der Rest der Gesellschaft; für die letzten trieb ich eine Stange fest in den Schnee ein, schlang das Seil darum, und die Untenstehenden ließen uns nun hinunter.

Das Ziehen auf der mit Salzkristallen bedeckten Eisfläche war jedoch viel anstrengender, als ich erwartet hatte. Wir erreichten die Gletscherzunge erst um 1/2 6 und brachten die Schlitten glücklich eine 2 Meter hohe Mauer hinauf. Droben auf hartem Eis war das Ziehen leichter, aber es wurde schon dämmerig, und mehrere von uns stürzten in Spalten. Auf der Nordseite ging es besser, und eine niedrige Eisklippe ermöglichte einen leichten Abstieg.

Am 6 Uhr wurde es plötzlich ganz dunkel. Trotzdem marschierten wir noch einige Stunden, bis wir um 10 Uhr dicht an der Kleinen Finnwalinsel kaum mehr die Hand vor den Augen sehen konnten und haltmachen mußten. Um ½ 12 krochen wir in die Zelte.

In der Nacht erhob sich ein Orkan, und am Morgen begann uns das Eis, auf dem unser Zelt stand, zu beunruhigen. Wir verlegten daher unser Lager auf eine haltbarere Eisplattform im Schutz fast senkrecht emporsteigender Felsenklippen. Das Toben in den Klüften über unsern Köpfen war den ganzen Tag über betäubend.

Während der folgenden Nacht legte sich der Wind etwas, und als ich am Morgen um 7 Uhr weckte, konnten wir wenigstens Land vor uns sehen. Es war noch verzweifelt kalt, und das Zeug fror uns am Leibe; länger zu warten aber war unmöglich, denn unsere Lebensmittel waren zu Ende.

Als wir uns dem Vorgebirge langsam näherten, wurden einige tröstliche Lebenszeichen sichtbar: alte Fußstapfen im Schnee und ein langer Seidenfaden vom Ballon des Meteorologen. An den Felsen des Vorgebirges waren zahlreiche Eisberge gestrandet, und zu meiner Überraschung erstreckte sich das feste Eis über das Vorgebirge hinaus, so daß wir um das Kap herum in die Nordbucht hineinmarschieren konnten. Auf einmal erblickten wir den Wetterschirm auf dem Windfahnenhügel; einen Augenblick später trat ein kleines Vorland zurück, und wer beschreibt meine Erleichterung, als jetzt die Hütte völlig unversehrt vor uns lag – Ställe, Nebengebäude, nichts war von der See beschädigt worden.

In der Nähe der Ställe gewahrten wir 2 arbeitende Gestalten. Nach wenigen Augenblicken hatten auch sie uns bemerkt und liefen in die Hütte hinein, um unsere Ankunft zu melden. 3 Minuten später stürmten alle Bewohner mit lautem Willkommgruß über das Eisfeld uns entgegen.

Leider hatten sich während meiner Abwesenheit zwei Unfälle ereignet; ein Pony und ein Hund waren gestorben. Unsere Verluste haben sich also noch vergrößert. Die Einrichtung der Hütte aber ist wunderbar fortgeschritten und die tägliche Erledigung der wissenschaftlichen Arbeiten in vollem Gang.

Erst als ich unsere Winterstation wieder betrat, wurde mir klar, welche Sorge um das Haus ich mit mir herumgetragen hatte. Seit dem Verlust der Ponys wurde ich das Gefühl nicht los, daß Unheil in der Luft laure und eine abnorme Dünung den Strand überschwemmt haben könne. Das späte Zufrieren des Meeres, die schreckliche Hartnäckigkeit des Sturmes und all die Unregelmäßigkeiten des Wetters in diesem Jahr hatten meine Einbildungskraft mit allen möglichen Bildern von Unglück erfüllt, das meine Gefährten betroffen haben könnte. –

Welch ein wunderbarer Gegensatz, nach unserm kümmerlichen Leben auf der Hüttenspitze wieder in unser warmes, trocknes Heim auf Kap Evans einzuziehen! Der kleine Raum, der jedem zur Verfügung stand, weitete sich zu einem Palast, die Beleuchtung erschien über alle Beschreibung glänzend und die Bequemlichkeit luxuriös. Nach drei Monaten konnten wir wieder einmal auf zivilisierte Weise essen, uns den Genuß eines Bades gestalten und in reiner, trockener Kleidung schwelgen. Solche Stunden lassen alle Entbehrungen der Vergangenheit vergessen und sind Lichtpunkte in der Erinnerung jedes Polarfahrers.

22. April. Gestern kehrte ich von einem zweiten, 4tägigen Ausflug nach der Hüttenspitze zurück. Wir haben Hafer- und Weizenmehl, Schweinespeck, Butter und andern Proviant hingebracht, und die dortigen Vorräte an Robbenspeck vermehrt. Meares ließ ich als Kommandanten dort zurück, mit Dimitri als Hilfe bei den Hunden, Lashly und Keohane, zum Besorgen der Ponys, Nelson, Day und Forde, damit sie Erfahrungen über das Leben in der Antarktis sammeln. Wilson und seine Gefährten kehrten mit mir zurück und waren von der behaglichen Einrichtung unseres Winterquartiers eben so freudig überrascht wie ich.

Sonntag, 23. April. Heute nahm die Sonne Abschied und bot uns noch einmal den herrlichen Anblick ihres goldenen Lichtes über dem Barnegletscher. Sie selbst war durch den Gletscher verdeckt, dessen schöne Eisklippen in tiefem Schatten unter den rosigen Strahlen lagen. Nun beginnt das lange, milde Zwielicht, das gleich einer silbernen Spange das Heute mit dem Gestern verbindet.

Stille Winterarbeit

Montag, 24. April 1911. Wir haben einen Nachtwächterposten eingerichtet hauptsächlich zur Beobachtung des Südlichts. Der Beobachter hat sich alle Stunden oder öfter draußen umzusehen. Ich übernahm gestern Abend als erster dies Amt. Die langen Nachtstunden geben willkommene Zeit zum Aufarbeiten einer Menge kleiner Dinge, und die Hütte bleibt über Nacht ganz warm, obgleich das Feuer ausgelöscht ist.

Simpson ließ heute probeweise einen Ballon aufsteigen. Der Ballon ist aus Seide und faßt einen Kubikmeter Wasserstoffgas. Ein Instrument, das nur 64 Gramm wiegt und Temperatur und Luftdruck registriert, hängt unter einer kleinen Flagge an einem Seidenfaden 3 bis 5 Meter unterhalb des Ballons. Am untern Teil des Instruments ist wieder ein Seidenfaden befestigt, der beim Aufsteigen des Ballons von kegelförmigen Röllchen abrollt. Der obere Seidenfaden zwischen Instrument und Ballon soll bei eintretender Spannung reißen und ersteres herabfallen; man kann dann dem Rollenfaden nachgehen und findet das Instrument mit seiner Registrierung wieder. Heute probierten wir das, aber statt des oberen riß der untere Faden. Nachmittags wurde es mit einem doppelten Faden versucht, und dieser bewährte sich gut.

25. April. Die Temperatur ist allmählich auf 25° gefallen; infolgedessen ist die Meerenge endlich zugefroren, und die Hüttenspitzenbesatzung dürfte schon bald bei uns eintreffen können.

Simpson und Bowers ließen heute einen Ballon mit doppeltem Faden steigen; der Faden rollte etwa 5000 Meter lang ab, dann sahen wir das Instrument niederfallen. Als die beiden aber ihren Schatz holen wollten, fanden sie im Süden der Inaccessible-Insel den Faden zerrissen, und es war zu dunkel, um weiter zu suchen.

Ponting hat farbige Photographien angefertigt, aber das Ergebnis ist wenig befriedigend. Wilson ist mit Pinsel und Palette tätig. Atkinson stellt seine Sterilisatoren und Keimapparate auf. Wright müht sich mit den elektrischen Instrumenten ab. Evans betreibt fleißig die Vermessung des Vorgebirges und der Umgegend. Oates richtet den Stall ein und macht die Stände größer. Cherry-Garrard baut eine Kammer aus Steinen zum Ausbalgen, Ausstopfen und Aufbewahren erlegter Tiere. Debenham und Taylor benutzen das letzte Licht, um das Gelände der Halbinsel zu untersuchen. So ist jeder außerordentlich tätig.

27. April. Ich habe für den Winter eine Reihe Vorträge organisiert; die Kameraden sind sehr eifrig dabei, und auch ich denke es mir außerordentlich interessant, die verschiedenartigsten Fragen mit Sachverständigen zu besprechen.

29. April. Wilson begleitete mich nach der Inaccessible-Insel. Als wir ihren Gipfel erreichten, zog ein Sturm aus Süden herauf; er hatte das Bluff schon verwischt und verhüllte nun die Schwarze Insel, dann die Hüttenspitze und schließlich den Burgfelsen. Als wir nach Hause gingen, war er über uns, toste gegen die hohen Felsen und fegte den Schnee vor sich her. Am Abend war der Himmel wieder klar, aber ich fürchte sehr, das Eis in der Meerenge ist fortgetrieben! Nach Westen hin sieht es verdächtig schwarz aus!

Sonntag, 30. April. Wie ich gestern gefürchtet hatte: ein breiter Gürtel Meereis ist seewärts gedrängt, von der Hüttenspitze bis zur Schildkröteninsel muß in der vergangenen Nacht offenes Wasser gewesen sein. Also müssen unsere Kameraden auf der Hüttenspitze noch eine Weile ausharren. Was soll aber werden, wenn jedes Unwetter die See eisfrei macht?

2. Mai. Am Abend eröffnete Wilson die Reihe der Vorträge mit einer Abhandlung über »Antarktische Vögel«. - Heute spielten wir zum erstenmal wieder Fußball; dabei erhob sich ein lästiger Südwind, der meiner Partei dreimal zum Gewinn verhalf. Am Nachmittag sah ich an der Außenseite der Insel eine unheilbedeutende Rinne. Ich fürchte, sie geht quer durch unsere Ponystraße zur Hüttenspitze!

3. Mai. Heute abend hielt uns Simpson seinen ersten meteorologischen Vortrag - das Thema war »Südliche Kronen, Mond- und Sonnenhöfe, Regenbogen und Südlichter«. Er besitzt eine merkwürdige Darstellungskraft und hat mich binnen einer Stunde mehr über diese Erscheinungen gelehrt, als alles frühere eifrige Studium.

5. Mai. Seit mehreren Tagen ist es windstill. Die Temperatur war letzte Nacht nur 24°. Was mag diese verhältnismäßig große Wärme bedeuten? Wenn ich nur die Leute von der Hüttenspitze hier hätte, besonders die beiden Ponys! Zwar werden sie bei so ruhigem Wetter Robben auf dem Eis finden und schwerlich in Verlegenheit geraten. -

Wilson bereichert seine Mappe mit entzückenden Skizzen, während er in der Zwischenzeit die Lücken seiner zoologischen Arbeit aus den Tagen der »Discovery« ausfüllt. Simpson ist unermüdlich bei seinen selbstregistrierenden Instrumenten und führt die meteorologischen und magnetischen Beobachtungen mit einer Sorgfalt aus, wie das noch nie auf Polarexpeditionen geschah. Wright ist bestrebt, die Eisprobleme dieses wunderbaren Gebiets zu ergründen. Bowers' praktischer Genialität verdanken wir vor allem, daß die Arbeit auf unserer Station so glatt vor sich geht. Er ist eine ungewöhnlich glückliche Mischung von tätigem Geist und tätigem Körper. So sehen wir die Ballons unter seiner Leitung aufsteigen, und sobald das Instrument gefallen ist, läuft er über das Eisfeld der Spur des Seidenfadens nach. Ist das besorgt, so eilt er, seinem Pony Bewegung zu verschaffen. Dann muß er mit den Hunden gehen, weil gerade niemand anders da ist. Eine Weile später ist er am Thermometerstand beschäftigt. Freie Luft ist sein Element. Für alle Fragen der Beköstigung und Kleidung auf Schlittenreisen ist er eine Autorität geworden. Atkinson lebt mit seinen Parasiten wie in einer andern Welt. Alles, was die Fischfalle zu Tage fördert, ist sein Arbeitsfeld. Immer wieder holt er mich, um mir irgend ein Urtierchen zu zeigen, das er unter seinem Mikroskop hat. Cherry-Garrard ist auch ein richtiger Freiluftmensch und ein bescheiden stiller Arbeiter. Er ist Herausgeber unserer Polarzeitung; im Freien beschäftigen ihn Versuche, steinerne Hütten zu bauen und Speeköfen zu konstruieren, Experimente, die für uns alle lehrreich sind, denn jeder kann, von der Heimatstation abgeschnitten, in eine schwierige Lage geraten, und es ist von großem Wert, zu wissen, wie sich die spärlichen Hilfsquellen der Antarktis im Notfall ausnutzen lassen. Oates' ganzes Herz gehört den Ponys, und ihre Pflege geht ihm über alles, während sein Diener, der tüchtige kleine Anton, in den Ställen tätig ist. Deckoffizier Evans schließlich und Crean bessern Schlittenbeutel aus, beziehen Filzstiefel und nähen Reiseanzüge. So gibt es hier tatsächlich keinen, der müßig ginge.

Sonntag, 7. Mai. Das Tageslicht ist jetzt sehr kurz. Gestern stieg ein Ballon auf und erreichte wohl 4000 bis 5000 Meter Höhe, ehe das Instrument sich ablöste; Atkinson sah es draußen in der Bucht niederfallen - es wurde geholt und gibt uns zum erstenmal wichtige Auskunft über die Temperatur der oberen Luftschichten.

Atkinsons und Creans Fischfalle enthielt gestern über 40 Fische, und wir aßen heute Fische zum Frühstück; aber weit ergiebiger war der Fang für Atkinsons Mikroskop: er hat eine ganze Anzahl neuer Parasiten entdeckt. - Clissold überrascht uns noch immer mit neuen Gerichten; heute Abend hatten wir Robbenfleisch in Gelee - es war ausgezeichnet!

8. und 9. Mai. Montag abend trug ich meine Pläne für die Schlittenfahrt zum Pol in großen Umrissen vor. Die Ponys und menschliche Zugkraft werden uns am besten ans Ziel bringen. Mit dieser Ansicht schienen alle einverstanden; sie mißtrauen offenbar den Kunden, soweit es sich um Überwindung der Gletscher und der Höhen handelt.

10. Mai. Die Hüttenspitzenabteilung kommt immer noch nicht! Das Eis ist nur 22 Zentimeter dick, aber sehr fest. Meares will wohl erst 30 Zentimeter Dicke abwarten, oder er fürchtet, daß das Eis für die Ponys noch zu glatt ist. Wenn er nur endlich käme! -

13. Mai. Nach dem Tee stürzte Atkinson mit der frohen Botschaft ins Haus, die Hundegespanne von der Hüttenspitze seien da! Sofort waren wir draußen auf dem Eis ihnen entgegen. Die Hunde sahen erstaunlich gut aus. Die beiden Ponys waren auf dem Marsch nur wenig zurückgeblieben. Alle 10 Ponys jetzt in unsern warmen Ställen untergebracht zu wissen, ist mir die größte Beruhigung. Von ihnen wird ja der Erfolg meiner Expedition abhängen.

Merkwürdig, daß keiner der Zurückgekehrten unsere üppige Kost sonderlich zu würdigen scheint. Reichlich Robbenfleisch, Mehl und Fett, dazu Tee, Kakao und Zucker, das sind die einzigen wirklichen Erfordernisse, um sich hier körperlich wohl zu fühlen.

15. Mai. Wilson hielt einen interessanten Vortrag über die Pinguine. Er erklärte die Anordnung der Federn, die Eigenart der Flügelmuskeln und des Mittelfußgelenks. Wahrscheinlich

stammen die Tiere aus einer sehr frühen Entwicklungsstufe der Vögel - direkt von der Vogel-leidechse der Jurazeit. Versteinerungen riesenhafter Pinguine aus der Eozän- und Miozänzeit zeigen, daß ihre Art sich seitdem außerordentlich wenig entwickelt hat. Er sprach dann von den verschiedenen Arten, ihren Nistgewohnheiten, ihren Eiern usw. Daran schloß sich ein kurzer Bericht über die Lebensgewohnheiten der Kaiser- und Adeliepinguine und der Wunsch nach genauerem Studium des Pinguinembryos, damit neues Licht auf die Entwickelung der Art, Verlust der Zähne usw. falle. Pontings Bemerkung, daß ausgewachsene Adeliepinguine ihre Jungen schwimmen lehrten, blieb ungeklärt. Die einen sagen, daß die alten Vögel die jungen ins Wasser stoßen; dagegen stand die Behauptung, daß sie die Jungen auf dem Brütplatz sitzen lassen, der junge Adeliepinguin also von selbst schwimmen lernen müsse, ebenso wie der Seebär.

17. Mai. Mitten in der Nacht hörte ich einen Hund bellen: einer der weißen sibirischen Hunde mußte ins Krankenhaus gebracht werden. Heute morgen fand man ihn tot. Die Sektion ergab nichts. Auf die Hundegespanne wird wenig Verlaß sein!

Sonntag, 21. Mai. Heute nacht hatten wir wieder ein herrliches Südlicht. Einmal war der Himmel bis zum Zenit hinauf mit Lichtbogen, Bändern und Vorhängen bedeckt, die sich in einem fort rasch hin und her bewegten, und glänzende Lichtwellen huschten von einem Ende zum andern hinüber. Das Südlicht hat eine blaßgrüne, geisterhafte Farbe, aber jeder Lichtwelle geht ein rotes Aufflammen vorher. Übrigens kann Ponting das Südlicht nicht photographieren. Dem norwegischen Professor Störmer ist es gelungen; seine Methode scheint von der Stärke des Objektivs und der Empfindlichkeit der Platte abzuhängen. Aber Ponting behauptet, in beiden überlegen zu sein, erhält aber, auch bei längerem Exponieren, keine Resultate. Auch die Sterne scheinen einen Widerwillen gegen seine Platten zu hegen, sogar bei 5 Sekunden langem Exponieren werden sie kurze Lichtlinien. Störmers Sterne sind Punkte, daher muß er sehr kurz exponiert haben; doch finden sich in seinen Bildern Einzelheiten, die unmöglich bei kurzem Exponieren erlangt werden können. Sehr sonderbar!

26. Mai. Heute nachmittag machte ich auf Schneeschuhen einen kurzen Lauf über das Eis. Die Oberfläche ist seit dem letzten Wind, der Schnee gebracht hat, ganz gut. Jetzt können wir ordentliche Schlittenkurse einrichten, und die einzelnen Abteilungen können sich im Ziehen der Schlitten auf Schneeschuhen üben.

29. Mai. Wieder ein schöner, windstiller Tag. Ich ging mit Wilson und Bowers zum Thermometer vor der Inaccessible-Insel. Unterwegs schlug mein Begleithund plötzlich an und verschwand im Nebel: er hatte einen jungen Seeleoparden gestellt. Der lange, geschmeidige Körper dieser Robbe ist, mit den dicken, gemeinen Seehunden verglichen, fast schön zu nennen. Das Tier drehte sich flink von einer Seite zur andern, als wir es mit einem Schlag auf die Schnauze zu betäuben suchten, und riß dabei seine Kinnbacken weit auseinander, aber merkwürdigerweise kam kein Laut hervor, nicht einmal ein Zischen. Später holten wir einen Schlitten, um den Schatz in Sicherheit zu bringen, nachdem er mit Blitzlicht photographiert war.

Sonntag, 4. Juni. Der Sonntagnachmittag ist für alle Hüttenbewohner die Zeit zu »weiten Spaziergängen«. Ich lief auf Schneeschuhen über das Eisfeld und hatte infolge der letzten Stürme bis zur Inaccessible-Insel die denkbar beste Oberfläche. Hier und ohne Zweifel an vielen Stellen längs des Ufers ist also die erste Juniwoche das Datum, an dem die nassen, harten Salzkristalle vom Schnee zugedeckt werden und Holzkufen über die Oberfläche gleiten können.

Ponting photographierte Eisberge mit Blitzlicht. Trotzdem die Insel zwischen mir und ihm lag, sah ich das Magnesiumlicht wiederholt aufflammen; es erhellte den Himmel wie wirkliche Blitze und auch Gegenstände, die sehr weit von der Kamera entfernt waren. Für Signalzwecke bietet dieses Licht große Möglichkeiten.

6. Juni. Heute ist mein Geburtstag; fast hätte ich ihn vergessen, nicht so meine Kameraden. Beim zweiten Frühstück erschien ein mächtiger Geburtstagskuchen, und nachher entdeckte ich, daß große Vorbereitungen zu einem besonders festlichen Mittagessen getroffen wurden. Als die Stunde kam, setzten wir uns an einen üppig gedeckten Tisch, um den herum unsere Schlittenbanner aufgehängt waren. Clissolds treffliche Robbensuppe, Hammelbraten mit rotem

Johannisbeergelee, Obstsalat, Spargel und Schokolade - das war unser Menü. Als Getränk hatten wir Apfelwein, etwas Sherry und einen Likör.

Nach diesem luxuriösen Mahl war jeder festlich gestimmt und zu allerhand Gesprächen angeregt. Während ich dies schreibe, debattiert in der Dunkelkammer eine Gruppe lebhaft über politischen Fortschritt; eine andere am Eßtisch ereifert sich über den Ursprung der Materie, und eine dritte erörtert militärische Probleme. Was von diesen Unterhaltungen bruchstückweise an mein Ohr klingt, fügt sich oft ganz lächerlich aneinander. Jedenfalls macht der Streit den Beteiligten sehr viel Spaß. Sie sind ja alle noch so jung und gutmütig; in ihren Wortgefechten zeigt sich weder Schärfe noch Ärger, alle enden mit Lachen.

13. Juni. Die Oberfläche des Eisfeldes eignet sich großartig zum Schneeschuhlaufen - ich machte heute zwei Ausflüge nach der Südbucht, in langem Bogen um die Inaccessible-Insel herum. Bei solchem Wetter ist der kalte Glanz der Landschaft unbeschreiblich schön, von dem tiefen Purpur des Sternenhimmels bis zu den leuchtenden Eisbergen und dem Funkeln der Eiskristalle unter meinen Füßen. Über der Südschulter des Berges zeigten sich glänzende Flecke eines Südlichts, und ich sah ein stark leuchtendes Meteor, das quer über den Himmel nordwärts schoß. -

Als ich zurückkehrte, fand ich Debenham und Gran, die von Kap Armitage wiedergekommen waren. Bei ihrer Ankunft an der Hüttenspitze hatten sie den kleinen Hund »Mukaka« auf der Schwelle liegend gefunden, jämmerlich schwach und mager, aber noch energisch genug, um sie anzubellen. Diese Hündin war, als wir im Januar Vorräte an Land schafften, überfahren und eine Strecke weit unter den Schlittenkufen mitgeschleift worden. Seitdem war sie nie viel wert gewesen. Auf der Hüttenspitze sah sie erbärmlich aus, und wir gaben sie ziemlich auf. Als die Hüttenspitzenabteilung nach Kap Evans zurückkehrte, ließ sie Mukaka unangebunden neben dem Schlitten herlaufen; unterwegs wurde das Tier vermißt. Niemand dachte daran, es je wieder zu sehen. Heute kamen sie mit ihm an! Also hat das arme, lahme Geschöpf einen ganzen Monat lang sich selbst die Mittel zum Leben verschafft! Als es gefunden wurde, war sein Mund mit Blut beschmiert, es hatte also einen Seehund gefangen; aber wie es ihn hat totbeißen können, übersteigt meine Begriffe!

Mittwinterfest

Montag, 19. Juni 1911. Unsere Tagesordnung war seit langer Zeit durchaus regelmäßig. Clissold sieht morgens gegen 7 Uhr auf, um das Frühstück zu bereiten. Um ½ 8 fängt Hooper an, auszufegen und den Tisch zu decken. Zwischen 8 und ½ 9 haben die Leute draußen allerlei zu tun, Eis zum Schmelzen zu holen und dergleichen. Anton füttert die Ponys, Dimitri sieht nach den Hunden; Hooper stört die noch Schlafenden durch wiederholtes Verkünden der Zeit, gibt aber gewöhnlich eine Viertelstunde mehr an als die Uhr. Dann hört man, wie sich Glieder dehnen und recken und mit schläfrigem Humor Morgengrüße ausgetauscht werden. Wilson und Bowers treffen sich im Adamskostüm vor einem mit Schnee gefüllten Waschtrog und reiben ihre Glieder tüchtig mit dieser zum Frösteln bringenden Substanz. Nachher versuchen andere, weniger kühn, mit ihrer spärlichen Portion Waschwasser möglichst viel zu erreichen. Bald nach ½ 9 krieche ich aus meinem gemütlichen Bett und mache mit einem halben Liter Wasser meine Toilette. Ungefähr 10 Minuten vor 9 bin ich fertig, habe mein Bett gemacht und setze mich vor meinem Teller Mehlsuppe nieder; die meisten andern sind dann auch um den Tisch versammelt, aber einige Trödelfritzen nehmen es mit der Pünktlichkeit nicht so genau. Von 1/2-10 bis 1/2-2 sind die Leute mit der Vorbereitung auf ihre Schlittenreisen beschäftigt. Hooper fegt aus, wäscht das Geschirr ab, räumt auf und wischt Staub. Die Offiziere sollen dies nicht selbst tun; das sichert ihnen ungestörte Tage zu wissenschaftlicher Arbeit.

Am 1 Uhr 30 oder 45 treffen wir uns beim zweiten Frühstück und verbringen dabei eine vergnügte halbe Stunde. Nachher werden bei gutem Wetter die Ponys ins Freie geführt; dies beschäftigt die Mannschaft und mehrere Offiziere wohl eine Stunde; auch wir andern machen uns um diese Zeit etwas Bewegung. Nachher gehen die Offiziere wieder an ihre Arbeit, während die Leute mit allerlei Kleinigkeiten die Zeit hinbringen. Das Abendessen, unsere Hauptmahlzeit, findet um 1/2-7 statt und dauert eine Stunde. Nachher wird gelesen, geschrieben, auch wohl gespielt oder irgendetwas gearbeitet. Gewöhnlich bringt eine freundliche Seele das Grammophon in Gang, und 3 Abende der Woche werden durch unsere Vorträge ausgefüllt, die nach wie vor lebhaften Anklang finden.

Am 11 Uhr werden die Azetylenlampen ausgelöscht; wer noch aufbleiben oder im Bett lesen will, muß sich mit Kerzenlicht behelfen. Die meisten Kerzen verlöschen um Mitternacht; dann bleibt der Nachtwächter allein, um beim Licht einer Öllampe seines Amtes zu walten.

So geht ein Tag nach dem andern hin. Am Samstagabend oder Sonntagmorgen wird ein Bad genommen, rasiert und die Wäsche gewechselt - neben dem regelmäßigen Gottesdienst die Kennzeichen, daß wieder eine Woche vorüber ist. -

Skizze20. Juni. Day hat seine Energie der Herstellung eines Speckofens gewidmet, wobei ihm die auf der Hüttenspitze gemachten Erfahrungen sehr zu statten kommen. Der Speck wird in ein Ringgefäß A gelegt. Der erzeugte Tran geht durch das Rohr B und verbreitet sich auf der Oberfläche der Platte C, die ringsum einen hohen Rand hat; d d sind erhabene Stellen, die als Wärmeleiter dienen; e e ist eine kleine Esse für das Feuer, mit Luftlöchern an der Basis. Beim Anheizen des Ofens muß die Platte C mit einer Spirituslampe oder einem Primuskocher erwärmt werden, doch wenn der Tran einmal brennt, genügt die Hitze völlig, um den Speck in Gefäß A, zu schmelzen und den Tranvorrat nicht ausgehen zu lassen - die Hitze steigt allmählich, bis der Tran in dampfförmigem Zustand aus B austritt; dann ist natürlich auch die vom Ofen ausgestrahlte Hitze sehr stark. Ein gut funktionierender Speckofen macht auf einer Reise längs der Küste jedes Mitschleppen von Brennstoff überflüssig, und wir würden uns ein großes Verdienst um die Nachwelt erwerben, wenn wir solch einen Ofen zur Vollkommenheit bringen könnten.

22. Juni, Mittwintertag. Die Sonne erreichte ihren tiefsten Stand heute nachmittag gegen 2 Uhr 30 Minuten. Unser heutiges Abendessen ist also die Mahlzeit, die der kritischen Veränderung des Sonnenlaufs zeitlich am nächsten steht, und wurde daher mit all den festlichen Sitten unserer heimatlichen Weihnachtsfeier begangen.

Während Fröhlichkeit unsere Hütte belebte, schienen die Elemente draußen ebenfalls den heutigen Tag zu feiern. Der östliche Himmel war eine glänzende Masse zuckenden Südlichts, des lebhaftesten und schönsten, das ich bisher erblickte - dicht nebeneinander stammten die Bogen und Bündel in zitternder Lichtfülle auf und verbreiteten sich über den Himmel, um langsam zu verblassen und von neuem zu glühendem Leben aufzuflackern. Das stärkere Licht schien flüssig zu sein; jetzt ballte es sich zu verschlungenen Bündeln zusammen und sandte leuchtende Zungen aufwärts, dann wieder glitt es in Wellen durch die blasseren Lichtbahnen, als wolle es ihnen neues Leben eingießen. Es ist unmöglich, ohne das Gefühl heiliger Scheu, Zeuge einer so wunderbar herrlichen Erscheinung zu sein! Mich wundert, daß die Geschichte uns nicht von Südlichtanbetern erzählt, so leicht könnte die Erscheinung als die Offenbarung eines Gottes oder eines Dämons betrachtet werden.

Abenteuer bei Kap Evans

Dienstag, 27. Juni 1911. Heute morgen zogen Wilson, Bowers und Cherry-Garrard sehr vergnügt nach Kap Crozier, um den dortigen großen Brutplatz der Kaiserpinguine zu besuchen; ihre schwere Last war auf 2 Schlitten von 3 Meter Länge verteilt. Diese Winterreise ist ein kühnes Wagnis, aber es hat auch die richtigen Männer gefunden. Während ihrer Abwesenheit gibt es keine Vortragsabende mehr; unser Leben wird also recht still sein.

3. Juli. Der Himmel sieht verdächtig aus. Dünne Schicht. Wolken bilden sich über uns und verteilen sich wieder, und über dem Erebus wogt es auf und ab. Wind am Kap Crozier scheint möglich zu sein, unsere Leute waren weit draußen auf dem Eis. In solchen Stunden erscheint die Hütte unheimlich einsam und die Stille und Finsternis bedrückend. Man atmet geradezu auf, wenn draußen in der Ferne an einem Wasserloch Lichter blinken, vereinzelte Stimmen, von weither herüberklingend, die Stille unterbrechen oder das Sausen der Schneeschuhe sich nähert.

4. Juli. Ein Orkan- und Erlebnistag! Taylor und Atkinson begaben sich zum Thermometerstand auf die Rampe hinauf, und nachher liefen Atkinson und Gran über das Eisfeld, um nach den in der Nord- und Südbucht aufgestellten Thermometern zu sehen. Das war um ½ 6; zum Essen um 7 Uhr war Gran wieder da; er hatte sich nur etwa 300 Meter weit vom Land entfernt, aber zur Rückkehr fast eine Stunde gebraucht.

Atkinsons Abwesenheit blieb fast bis zum Schluß des Essens unbemerkt. Als wir uns zu Tisch setzten, hatte sich der Sturm gelegt, und wenn es auch ringsum sehr neblig war und leicht zu schneien begann, fühlte ich doch keinen Anlaß, mich zu beunruhigen. Als einige von uns die Hütte verließen, bat ich sie aber doch, zu rufen, Laternen zu schwenken und zur Vorsicht eine Petroleumfackel auf dem Windfahnenhügel anzuzünden. Deckoffizier Evans, Crean und Keohane brannten darauf, hinauszukommen; ich schickte sie daher mit einer Laterne nordwärts.

Mittlerweile hob sich der Wind von neuem, und der Mond blickte hier und da verschleiert durch die schnellziehenden Wolken. Bei solchem Führer konnte unserer Wanderer seinen Weg unmöglich verfehlen, und ich erwartete jeden Augenblick seine Rückkehr. Eine Stunde verging - von Atkinson war nichts zu sehen. Nun packte mich die Angst. Um ½ 10 kehrten Evans und seine Begleiter zurück - sie hatten keine Spur des Verschollenen gefunden! Dabei war Atkinson zwar in seinem Windanzug, aber nur mit ledernen Schneeschuhstiefeln fortgegangen. An einem ernstlichen Unfall war jetzt nicht mehr zu zweifeln, und ich sandte sofort nach allen Seiten Patrouillen aus.

Zuerst ging Evans mit Crean, Keohane und Dimitri, einem leichten Schlitten, einem Schlafsack und einer Flasche Kognak ab; er sollte das Ufer und den Gletscherrand bis nach Kap Barne absuchen, dann ostwärts bis zur Inaccessible-Insel gehen. Leutnant Evans zog, ebenso ausgerüstet, mit 3 Mann aus, um das Ufer der Südbucht abzustreifen, dann aber seewärts nach der Finnwalinsel hin zu suchen. Als dritte Abteilung machten sich Wright, Gran und Lashly nach den Eisbergen auf, und Meares und Debenham suchten mit einer Laterne die ganze Eisfläche vor unserm Vorgebirge ab. Simpson und Oates gingen geradesweg über das nördliche Eisfeld, während Ponting und Taylor die Flutrinne nach dem Barnegletscher zu noch einmal untersuchten. Unterdes ließ Day auf dem Windfahnenhügel in Petroleum getauchte Wergbündel aufflackern. Schließlich war ich mit Clissold ganz allein in der Hütte, und je weiter die Zeit vorrückte, desto höher stieg meine Unruhe. Es wurde 11, ohne daß einer von den Suchenden zurückkam - die Uhr schlug ½ 12 - nichts rührte sich! Sechs Stunden war Atkinson schon fort!

Endlich - kurz vor 12 Uhr hörte ich vom Vorgebirge her Stimmen - und wenige Minuten später führten Meares und Debenham den Vermißten herbei! Er hatte greuliche Frostbeulen an der Hand und im Gesicht, im übrigen war er wohlauf, nur noch etwas verwirrt.

Soweit er berichtete, war er nur ½ Kilometer in der Richtung des Thermometerstandes gegangen und dann umgekehrt. Dabei wollte er den Wind auf der Seite behalten und war nach einiger Zeit an ein altes Fischfallenloch gekommen, das, wie er wußte, nur 180 Meter vom Vorgebirge entfernt liegt. Aber als er die 180 Meter hinter sich hatte, war vom Vorgebirge nichts zu sehen. Hätte er sich jetzt ostwärts gewandt, so wäre er dicht bei der Hütte auf Land gestoßen. Daß er hierauf gar nicht verfiel, zeigt, welche Geistesverwirrung solch eine Lage hervorruft.

Tatsächlich hat Atkinson keine klare Erinnerung mehr an das, was mit ihm geschah, als er das Vorgebirge nicht fand. Offenbar ist er ziellos gegen den Wind angelaufen, bis er an eine Insel kam, um die er herumging; da er kaum 1 Meter weit sehen konnte, fiel er mehrmals in die Flutrinne und machte schließlich im Schutz einiger Felsen halt. Hier erfror ihm die Hand, während er sich bemühte, den steifgefrorenen Handschuh wieder anzuziehen; schließlich gelang ihm das. Nun wollte er sich eine Grube graben, um darin zu warten. Da sah er einen Schimmer vom Mond und verließ die Insel; aber bald verlor er den Mond aus den Augen. Dann wollte er wieder zurück, fand aber die Insel nicht mehr; schließlich stieß er wieder auf eine Insel, vielleicht dieselbe, und wartete hier von neuem - dann erblickte er das Flackerfeuer auf dem Vorgebirge und lief darauf los. Er will ganz nahe beim Vorgebirge jemand angerufen, aber keine Antwort erhalten haben. Recht sonderbar! Doch heute Abend redet Atkinson noch ziemlich durcheinander, sein Gehirn ist erst halb aufgetaut. Soviel aber ist gewiß: hätte sich der Orkan nicht gelegt, so wäre keine Rettung möglich gewesen!

5. Juli. Atkinsons Hand ist furchtbar schlimm, die Finger mit den Frostbeulen sehen wie Würste aus; Ponting hat sie ihres ungewöhnlichen Äußern wegen photographiert.

Wie ich nicht anders erwartete, berichtigte Atkinson seine gestrige Erzählung. Er scheint zuerst auf die Inaccessible-Insel gestoßen zu sein und sich die Hand schon vorher erfroren zu haben. Erst als er im Schutz der Insel wartete, hat er die Frostbeulen entdeckt und sich dann im Glauben, nahe der Rampe zu sein, nach dem Westende der Insel hingetastet. Um Hindernisse des Eisfußes zu umgehen, bog er im Schneegestöber von der Insel ab und verlor sie ganz aus dem Gesicht, obgleich er nur wenige Meter von ihr entfernt sein konnte. Verwirrt und erschreckt darüber klammerte er sich an die erste Idee, gegen den Wind anzugehen, und es war wirklich eine göttliche Fügung, daß er in dieser Richtung zunächst auf die Zeltinsel stieß. Er hielt sie für die Inaccessible-Insel, ging um sie herum und grub sich schließlich auf ihrer Leeseite eine Schutzhöhle. Als dann der Mond sich zeigte, beurteilte er dessen Stand ganz richtig; als er aber heimwärts wanderte, war er sehr überrascht, die wirkliche Inaccessible-Insel zu seiner Linken auftauchen zu sehen. Da er sich nach der 9 Kilometer entfernten Insel hin verirrt hatte, erklärt sich die lange Zeit, die er zum Rückmarsch brauchte. Aber das ändert nichts an der Tatsache, daß er auf ein Haar verloren gewesen wäre.

14. Juli. Eine schauderhafte Nacht! Gestern mittag wollte »Knochen«, einer der besten Ponys, plötzlich nicht fressen - er litt offenbar an Kolik. Später wurde er von Crean ins Freie gebracht, aber nun wurde er alle 5 Minuten von Krämpfen befallen. Wenn die Schmerzen begannen, raste er vorwärts, wie um ihnen zu entrinnen, dann versuchte er, sich niederzulegen. Wieder im Stall, ging es ihm sichtlich schlechter, und Oates und Anton zogen ihm geduldig einen Sack unter seinem Leibe hin und her. Immer wieder versuchte er sich niederzulegen, und schließlich ließ ihm Oates seinen Willen. Allmählich sank sein Kopf nieder; zuletzt lag er der Länge nach am Boden, zuckte unaufhörlich vor Schmerzen, hob hin und wieder den Kopf und versuchte sich aufzurichten, wenn die Schmerzen gar zu arg wurden. Wir gaben ihm 2 Opiumpillen und packten ihn in gewärmte Säcke. Um Mitternacht war ich ganz verzweifelt. Wir dürfen keinen einzigen Pony mehr einbüßen - wir haben schon viel zu viel verloren! Wenn wir nicht alle Tiere am Leben erhalten, ist mein ganzes Unternehmen gefährdet!

Kurz nach Mitternacht spürte Knochen endlich ein wenig Erleichterung; die Zuckungen hatten aufgehört, sein Auge blickte weniger traurig, und seine Ohren spitzten sich bei Geräuschen. Als ich ihn um ½ 3 besuchte, hob er plötzlich den Kopf und richtete sich ohne Anstrengung auf seinen Beinen auf; dann begann er, wie aus einem schweren Traum erwacht, ein Heubündel und seinen Nachbar zu beschnüffeln - und nach einigen Minuten hatte er einen Eimer Wasser getrunken und zu fressen begonnen. Sehr erleichtert legte ich mich um 3 Uhr schlafen.

17. Juli. Wenn nur erst wieder die Sonne da wäre! Sturm und Untätigkeit haben nicht nur die Ponys angegriffen, auch Ponting ist nicht wohl - sein nervöses Temperament erträgt diese Art Winterleben schlecht; Atkinson kann ihn nur mit größter Mühe überreden, sich Bewegung

zu machen. Taylor drückt sich ebenfalls vom Spazierengehen und sieht schlecht aus. Wenn wir erst wieder Fußball spielen können, wird alles gut sein.

Sonntag, 30. Juli. »Julick«, einer unserer besten Schlittenhunde, ist verschwunden! Ich fürchte, er ist irgendwo von den andern totgebissen worden; wenn die Sonne zurückkehrt, werden wir wohl seinen steifgefrorenen Kadaver finden. Meares glaubt, Julick müsse in ein Robbenloch gefallen sein. Der Verlust wird dadurch nicht geringer - eine sehr verdrießliche Geschichte!

31. Juli. Was mag nur aus der Crozier-Abteilung geworden sein? Sie ist jetzt schon 5 Wochen fort. - Die Ponys fangen an zu bocken. Der »Chinese« schreit und schlägt im Stall. Der »Baron« hat in der letzten Nacht seinen Stand zertrümmert. Der Lärm über Nacht läßt uns kaum schlafen. Immer wieder bildet man sich allerhand Entsetzliches ein; wenn dann der Nachtwächter den Stall betritt, blinzeln ihn die Bewohner so schläfrig an, als ob die Störung unmöglich von ihnen ausgegangen sein könne.

2. August. Gestern abend kehrte die Crozier-Abteilung zurück; sie hat 5 Wochen hinter sich, die, was Anstrengungen, Ausdauer und Entbehrungen anlangt, wohl zum Schlimmsten zu zählen sind, was je ein Mensch auszuhalten vermochte. Die drei Kameraden sahen furchtbar verwettert aus: die Gesichter voll Narben und Runzeln, die Augen glanzlos, und die Hände weiß wie Leichenhände und rissig von Feuchtigkeit und Kälte. Die Kälte, die sie durchmachen mußten, war geradezu fürchterlich. Länger als eine Woche zeigte das Thermometer unter 51°, eines Nachts 57, in der nächsten Nacht sogar 60 ½! Daß Menschen es fertig bringen, in der Dunkelheit der Polarnacht den wütendsten Stürmen und solch entsetzlicher Kälte Trotz zu bieten, und das 5 Wochen lang, ohne andern Unterschlupf als ein dünnes Zelt aus Segeltuch, ist eine heroische Tat ohne Beispiel.

Rückkehr der Sonne

Montag, 14. August 1911. Die Ponys sind so vergnügt, daß sie keine Gelegenheit versäumen, ihren Lenkern durchzubrennen und mit erhobenem Schweif und aufwärtsgekehrten Kufen davon zu galoppieren. Die Hunde sind ebenso gestimmt. Die Aussicht über die beiden Eskimohunde hat jetzt Clissold übernommen; er führt sie gewöhnlich mit dem kleinen Nugis als Leithund aus. Am Sonnabend schlug sein Schlitten an der Flutrinne um; Clissold blieb auf dem Schnee liegen, während das Gespann in der Ferne verschwand. Nugis kehrte später mit durchbissener Leine wieder zurück; die beiden andern wurden schließlich etwa 3 ½ Kilometer entfernt in einem Eishügel »verwickelt« gefunden. Gestern fuhr Clissold mit demselben Gespann nach Kap Royds und brachte in 2 Stunden eine Last nach Hause, die 45 Kilo pro Hund wog - in so kurzer Zeit eine gute Leistung.

15. August. Das Azetylen hat plötzlich versagt; ich schreibe heute zum erstenmal bei Tageslicht.

22. August. Heute hätten wir die Sonne zum erstenmal sehen müssen! Statt dessen stürmt es heftig mit zerrissenen Windwolken, Schneetreiben und umherwandernden Schneewehen. Und doch ist es herrlich, das Tageslicht sich schnell verbreiten zu sehen.

26. August. Auch die Ponys empfinden die Rückkehr des Tageslichts und werden übermütig. Christoffer und Schnipps brannten gestern etwa 50 Meter vom Stall entfernt auf das Eisfeld durch, und es dauerte fast eine Stunde, bis wir sie wieder hatten.

Kurz vor dem zweiten Frühstück vergoldete der Sonnenschein das Eisfeld, und ich ging mit Ponting zu den Eisbergen hinaus. Der uns zunächst liegende ist umgestürzt und ließ sich leicht erklettern. Von seinem Gipfel aus konnten wir die Sonne klar über der zackigen Kontur des Kap Barne sehen. Es war herrlich, wieder einmal im glänzenden Sonnenschein zu stehen. Wir fühlten uns wie verjüngt, sangen und riefen Hurra. Jetzt schaut jeder das Leben wieder mit andern Augen an, das schlechte Wetter verliert seine Schrecken; morgen oder übermorgen wird es ja wieder schön sein. Am Nachmittag kletterte ich die Rampe hinauf, und fröhliches Rufen und Singen der Kameraden und Wiehern der Pferde drang an mein Ohr. 28. August. Ponting und Gran gingen gestern abend spät um die Eisberge herum, als sie plötzlich auf dem Heimweg einen Hund von Norden her über das Eisfeld kommen sahen! Das Tier stürmte auf sie los und sprang mit ungeheurer Freude an ihnen in die Höhe. Es war unser lang vermißter Julick! Seine Mähne zeigte eine Blutkruste, und er duftete stark nach Robbenspeck; Hunger hatte er nicht, war aber sehr abgemagert. Einen ganzen Monat war er fort - was für Abenteuer mag er seitdem erlebt haben!

Die Sonne scheint in die Hüttenfenster hinein - schon ruhen Sonnenstrahlen auf den gegenüberliegenden Wänden.

31. August. Meares und Dimitri sind nach der Hüttenspitze gefahren. Dimitris Gespann sauste im vollen Galopp über die holprige zugefrorene Flutrinne und warf seinen Kutscher auf den Schnee ab. Glücklicherweise standen einige von uns auf dem Eis. Als der Schlitten an mir vorbeifuhr, sprang ich hinauf und blieb glücklich oben; Atkinson wollte es ebenso machen, fiel aber hin und wurde, da er sich am Schlitten festhielt, lustig über das Eis geschleift. Unser Gewicht verminderte die Fahrgeschwindigkeit, und bald konnten andere dem Gespann in die Zügel fallen. Dimitri war sehr ergrimmt; er ist noch nie abgeworfen worden. - Eigentlich liegt noch kein Grund zur Abreise nach der Hüttenspitze vor, aber Meares hofft wahrscheinlich, die Hunde dort besser einfahren zu können, wenn er sie für sich hat. Ich habe also gewissermaßen die Vorhut zu unserm Sommerfeldzug schon abgesandt.

Unglückswochen

Sonntag, 10. Sept. 1911. Mehr als eine Woche ist seit der letzten Tagebucheintragung vergangen. Meine ganze Zeit war durch Ausarbeitung genauester Pläne zu unserm Zug nach Süden in Anspruch genommen. Jetzt sind sie fertig. Wenn die Motorschlitten nicht versagen, werden wir ohne Schwierigkeiten bis an den Beardmoregletscher gelangen; zur Not kommen wir auch ohne sie hin, wenn wir nicht gerade Pech haben.

Von diesem Punkt aus sollen 3 Abteilungen zu je 4 Personen die eigentliche Polreise antreten. Ich habe jedes nur denkbare Mißgeschick erwogen und jede Abteilung für alle Möglichkeiten mit äußerster Sorgfalt ausgerüstet. Die Ponys sind ganz andere Tiere geworden als auf der Depotreise im vorigen Jahr, und wenn sie noch einen Monat im Schlittenziehen geübt werden, muß jeder von ihnen seine Last spielend bewältigen. Allerdings - wir können auch keinen der 10 mehr entbehren.

Gestern kamen Meares und Dimitri von der Hüttenspitze zurück - die Hunde sind wunderbar kräftig; aber Seehunde sind dort keine mehr aufs Eis hinaufgekommen; da Meares eigens hingegangen war, um Robbenpemmikan zu bereiten, schien ihm längeres Verweilen zwecklos.

Sonntag, 1. Okt. Am Donnerstag kehrten Bowers, Simpson, Deckoffizier Evans und ich von einem angenehmen und lehrreichen Frühlingsausflug nach dem Ferrargletscher zurück. Seit dem 15. September waren wir 13 Tage fort und haben in 10 Marschtagen 281 Kilometer zurückgelegt. Der Rückmarsch im tobenden Orkan war ungeheuer anstrengend.

4. Okt. Heute eine sehr ernste Neuigkeit: Pony Jehu ist zu schwach, um einen beladenen Schlitten zu ziehen. Ein schwerer Schlag! Ich fürchte von den Ponys noch viel Aufregung.

Die Zeit fliegt geradezu, und die Sonne steigt beständig höher am Himmel herauf. Erstes Frühstück, zweites Frühstück und die abendliche Hauptmahlzeit, alles wird jetzt bei Tageslicht eingenommen; auch die Nacht ist nicht mehr so finster.

6. Okt. Jehu ist unbrauchbar; wir müssen ihn hier lassen und uns mit den andern 6 Ponys behelfen! Auch der Chinese scheint eine zweifelhafte Errungenschaft, und das Jakobsschwein ebenfalls. Die übrigen 7 sind gut, sie werden dann eben die Hauptarbeit leisten müssen. Wenn wir aber noch mehr Verluste erleiden, sind wir von den Motoren abhängig, und dann!?

Heute begaben sich Wilson, Oates, Cherry-Garrard und Crean mit ihren Ponys nach der Hüttenspitze. Um 5 Uhr klingelte plötzlich das Telephon von dort an; Meares hat die Linie vor einiger Zeit angelegt, aber bisher war noch keine Verbindung. Ich unterhielt mich lange mit ihm und hinterdrein auch mit Oates. Hier in diesem primitiven Land erscheint es mir wie ein Märchen, mit meinen 27 Kilometer entfernten Kameraden sprechen zu können.

7. Okt. Als ob er den Verdacht der Unfähigkeit widerlegen wollte, zog Freund Jehu heute morgen ganz energisch, und als er nach 6 Kilometer Halt machte, war er durchaus nicht erschöpft. Vielleicht kann er nun doch wieder in das Programm aufgenommen werden.

Sonntag, 8. Okt. Ein Nachmittag voller Plagen. Gegen 5 Uhr meldete das Telephon, daß Clissold von einem Eisberg gefallen sei und sich den Rücken verletzt habe! Ich fuhr auf dem Landweg hinaus und fand Clissold bewußtlos und Ponting höchst betrübt bei ihm; der Patient wurde in einen Schlafsack gesteckt und heimgefahren. Wahrscheinlich hat er Ponting »Modell« gestanden und ist bei einer seiner »Posen« auf einen scharfen Vorsprung in der Eiswand abgestürzt. Offenbar eine leichte Gehirnerschütterung. Als er wieder zu sich kam, litt er große Schmerzen; weder Atkinson noch Wilson halten es für etwas Ernstes, aber er hat auf jeden Fall einen argen Nervenchok erlitten.

Ein Unglück kommt selten allein. Eben als Clissold in die Hütte getragen wurde, fiel mir schwer aufs Herz, daß Taylor, der nach dem Türkenkopf geradelt war, längst hätte wieder hier sein müssen! Auf einmal hörte ich, in der Südbucht seien zwei sich nähernde Gestalten zu erblicken; aber als wir abends bei Tisch saßen, erschien plötzlich Wright mit der Nachricht, Taylor sei völlig erschöpft in der Südbucht liegen geblieben - er müsse Kognak und etwas Heißes zu trinken haben! Ich schickte sofort hinaus, aber schon kam der Verunglückte zu Lande daher. Er war halbtot.

10. Okt. Clissold hat 2 ziemlich gute Nächte gehabt, kann sich aber kaum rühren. Er ist überaus reizbar - ein Symptom der Gehirnerschütterung. Heute morgen fragte er sehr eifrig nach den Reisevorbereitungen. Aber es ist ausgeschlossen, daß er seinen Platz in meinem Programm wird einnehmen können.

Meares kam gestern abend als Vortrab eines Orkans von der Hüttenspitze, und eine halbe Stunde nach seiner Ankunft schneite es in dichten Flocken. Er meldet wieder einen Verlust - Deek, einer unserer besten Ziehhunde, ist am Morgen gestorben. Es ist ein Mißgeschick, aber ich bin über Verzagtwerden schon hinaus. Die Dinge müssen ihren Gang gehen. - Auch das Wetter läßt viel zu wünschen übrig - ich hatte auf besseres in diesem Monat gehofft. Das ewige Schneegestöber durchkreuzt das Einfahren der Ponys sehr unangenehm.

13. Okt. Heute war es endlich einmal den ganzen Tag so warm und sonnig, daß man am Nachmittag draußen sitzen konnte.

Die Ponys haben sich ziemlich anständig betragen. Dank der Geduld, die Bowers dabei zeigt, ist Viktor jetzt leicht zu regieren. Der Chinese macht gleichmäßige Fortschritte; er ist ein langsamer Läufer, aber bei gutem Wetter schadet das nichts, wenn er nur vorwärtskommt. Der unbändigste von allen ist Christoffer. Im Stall oder beim Reiten draußen im Freien ist er fromm wie ein Lamm; aber sobald sich ein Schlitten zeigt, beißt und schlägt er um sich. Ihn anzuspannen wird immer schwerer; die letzten beiden Male mußte er dabei niedergeworfen werden. 3 Mann binden ihm einen Vorderfuß fest, dann nimmt Oates, während die beiden andern den Kopf festhalten, hinten die Leinen zusammen; doch schnell wie der Blitz dreht sich Christoffer um, und seine Hufe stiegen in die Höhe. Das wiederholt er so lange, bis er müde wird. Aber das dauert von Tag zu Tag länger, so daß Oates ihm eine kurze Leine auch um das zweite Vorderbein legen und ihn jedesmal, wenn er zum Schlage ausholt, zu Boden reißen muß. Selbst wenn er auf den Knien liegt, wehrt er sich noch. Ist er erst angespannt und auf 3 Beinen losgehumpelt, dann ist alles gut, und das vierte kann wieder freigegeben werden. Wenigstens ging bis jetzt dann alles gut; - aber heute führte Christoffer mit dem Schlitten geradezu eine Komödie auf. Er fuhr ganz ruhig mit Oates davon, als ein Hund ihn erschreckte: im selben Augenblick warf er den Kopf zurück, riß Oates die Zügel aus der Hand und ging durch. Als er sich frei fühlte, suchte er sich ganz zielbewußt seiner Last zu entledigen. Zuerst mit plötzlichen Drehungen - damit warf er 2 Heuballen ab; dann stürmte er auf andere Schlitten los, um seine Last gegen sie zu schleudern und dadurch loszuwerden. Dabei zeigte er die Zähne, und seine Hufe fuchtelten stets in der Luft umher. Endlich gelang es einem von uns, dann drei andern, auf den vorbeijagenden Schlitten zu springen. Christoffer versuchte nun, sich seiner menschlichen Last ebenso zu entledigen, wie der Heubündel, und es gelang ihm auch, Atkinson mit großer Heftigkeit von seinem Sitz zu entfernen; aber die andern stemmten ihre Absätze in den Schnee, und schließlich war das kleine Untier erschöpft. Selbst dann dauerte es noch einige Zeit, ehe Oates die Zügel packen konnte.

Sonntag, 15. Okt. Alles Wichtige zu unserer Abreise ist jetzt fertig. Noch weiß niemand, wer zur eigentlichen Polabteilung gehören wird: es muß, wenn wir erst das Hochplateau erreicht haben, von Gesundheit und Leistungsfähigkeit der einzelnen abhängen.

17. Okt. Es geht nicht alles, wie es soll! Mit den Ponys bin ich zwar zufrieden. Aber heute abend sollten die Motorschlitten auf das Eis gebracht werden. Die Schneewehen machten die Bahn dorthin sehr uneben, und der erste Motor, unser bester, überfuhr seine Kette; sie wurde wieder in Ordnung gebracht, und das Ding fuhr weiter, aber gerade dicht vor dem Eis mußte es einen steilen Abhang hinunter, und wieder überfuhr die Kette die Radstifte; dabei irrte sich Day unglücklicherweise und drückte das Ventil ganz nieder. Die Maschine stand still, aber unter der Hinterachse zeigte sich unheilverkündendes Olgetröpfel. Das Achsengehäuse aus Aluminium war zerbrochen! Es wurde abgenommen und in die Hütte gebracht; vielleicht können wir es noch zurechtflicken, aber die Zeit drängt.

Ich habe Clissold zu seiner größten Enttäuschung mitteilen müssen, daß er die Motorabteilung (Leutnant Evans, Day und Lashly) nicht begleiten könne. Hoover ersetzt ihn bei den Motoren.

Sonntag, 22. Okt. Das Achsengehäuse war Donnerstag wieder in Ordnung. Seitdem hat die Motorabteilung unausgesetzt gearbeitet, und heute ist alles fertig zum Abmarsch! Die Lasten sind auf dem Meereis aufgestapelt, und wenn das Wetter leidlich ist, will die Abteilung morgen losfahren.

Meares und Dimitri kamen Donnerstag durch das letzte Toben eines Orkans hindurch bei uns angefahren. Einmal war das Schneegestöber so dicht, daß sie nicht einmal die Leithunde sehen konnten - die Zeltinsel war völlig verschwunden, aber 2 Kilometer vor der Station waren sie plötzlich in Sonnenschein und verhältnismäßige Windstille gelangt. Noch einen unserer besten Hunde, den »Zigeuner«, hat die unerklärliche Krankheit befallen! Die Gespanne verließen uns Freitag abend wieder, und heute telephoniert Meares, daß er seine zweite Fahrt nach dem Ecklager antrete. Das Wetter bleibt greulich schlecht; die Ponys konnten weder Donnerstag noch Freitag im Fahren geübt werden und sind sehr unbändig; wir müssen ihnen daher die Haferration kürzen. Es ist wirklich zu verdrießlich! Gerade jetzt müßten sie ein mäßiges Quantum Arbeit leisten und sich durch volle Rationen kräftigen.

Das elende Wetter hat uns verhindert, weitere Notvorräte nach der Hüttenspitze zu überführen; sie sollten als Depots für die vom Pol Zurückkehrenden dienen und zugleich die Discoveryhütte versorgen, falls die »Terra Nova« nicht ankommt. Die wichtigsten Vorräte sind heute mit den Ponys nach der Gletscherzunge gebracht worden.

Wieder ein Unfall! Um 1 Uhr kam »Schnapper«, einer der 3 Ponys, die beim Verteilen der Depots helfen müssen, in Schweiß gebadet mit nachschleifendem Schlitten und nur einer Leine hier an. 40 Minuten später erschien Deckoffizier Evans, sein Lenker, fast ebenso erhitzt, und gleichzeitig Wilson mit dem »Baron« und berichtete den rätselhaften Vorfall. Nach dem Abladen hatte Bowers die 3 ganz ruhigen Ponys gehalten; plötzlich warf der eine den Kopf hintenüber, und alle 3 jagten voller Schrecken davon - Schnapper heimwärts, der Baron nach den Westbergen und Viktor mit dem nachschleifenden Bowers irgendwo anders hin! Wilson mußte 3 ½ Kilometer rennen, ehe er den Baron im Westen der Zeltinsel eingeholt hatte. Eine halbe Stunde nach Wilson kam auch Bowers mit Viktor an; das Tier war ganz erschöpft, und seine Nase blutete stark. Bowers selbst war mit Blut bedeckt und brachte des Rätsels Lösung: Die Ponys waren völlig ruhig gewesen, als Viktor seinen Kopf drehte und dabei mit seiner Nüster an einem Geschirrhaken hängen blieb, der ihm Haut und Fleisch zerriß; natürlich ging das Tier sofort durch. Wie Bowers es fertig gebracht hat, das vor Schmerz und Schreck rasende Tier zu halten, begreife ich nicht. Es zittert noch, ist aber eifrig beim Futter. Warum nur unsere Sonntage immer voller Aufregungen sein müssen!

Die ersten Automobile auf der Eisbarriere

24. Okt. 1911. Gestern schienen die beiden Motorschlitten reisefertig, und wir gingen alle aufs Eis hinaus, um sie zu »verabschieden«. Aber sie gelangten nur bis zum Vorgebirge. Heute morgen wurden sie wieder in Gang gebracht, und bald nach 10 Uhr sollte die Reise losgehen. Anfangs blieben sie recht oft stecken, schienen dann aber ihre Sache besser zu machen. Der einzige beunruhigende Vorfall war das Abgleiten der Ketten, als Day auf einer dünnbeschneiten Eisfläche fuhr; ich glaubte, die Leisten und Nägel würden auf jeder Oberfläche greifen. Mir selbst liegt ungeheuer viel an dem Erfolg der Motorschlitten, auch wenn sie bei unserm Vordringen nach Süden keine große Hilfe sein sollten. Ein wenig Erfolg genügt schon, um ihre Möglichkeit, ihre Fähigkeit zur Umwälzung der ganzen Beförderungsart in Polargegenden zu zeigen. Wer sie heute arbeiten sah, mußte von ihrem Wert überzeugt sein, denn die bisherigen Schäden waren rein mechanischer Natur.

Heute früh meldete mir Meares von der Hüttenspitze aus telephonisch seine Rückkehr vom Ecklager; also find jetzt alle Vorräte draußen. Könnte man sich nur darauf verlassen, daß die Hunde immer so viel leisten! Im ganzen sieht alles recht hoffnungsvoll aus.

Um 1 Ahr mittags wurde mir gemeldet, die Motoren seien auf der Höhe der Finnwalinsel, fast 6 Kilometer weit draußen - ei, ei!

26. Okt. Heute früh hat Simpson von der Hüttenspitze aus angeklingelt. Die Motoren fanden Schwierigkeiten auf der Oberfläche. Gerade das hat mich am Dienstag beunruhigt! Die Ketten gleiten bei dünner Schneelage auf hartem Eis ab. Eine Hilfstruppe von 8 Mann muß sofort hin.

27. Okt. Gestern morgen machten wir uns auf nach der Gletscherzunge. Ich ging mit düstern Ahnungen; eine Bö abgerechnet, war es ein wunderschön sonniger, heiterstimmender Tag. Die Motoren waren nicht in Sicht. Schließlich entdeckten wir sie weit draußen auf dem Eis nach der Hüttenspitze zu; bald zogen sich gut ausgeprägte Gleise über die Schneefläche hin, und wir sahen ganz deutlich: die Schlitten waren in Bewegung, ja sie wurden sogar mit sehr holperigem Eis ohne Schwierigkeit fertig, ungefähr 4 Kilometer vor der Hüttenspitze holten wir sie ein. Die Motorführer versicherten, alles gehe gut; die Maschinen arbeiteten, einmal im Gang, tadellos, nur die Zylinder würden leicht zu heiß, während der auf dem Vergaser spielende Luftzug ihn zu stark abkühle.

Unmittelbar nach dem Frühstück setzte Lashly seinen Schlitten in langsame Bewegung: er lief ohne Panne nach Kap Armitage hin weiter. Dagegen war Day auf schlechtem Eis übel dran. Wohl eine Stunde verging mit vergeblichen Anläufen, dann aber kam der Schlitten plötzlich in Gang und erreichte Kap Armitage schneller, als wir gehen konnten. Mittlerweile hatte sich der Wind in einen Orkan verwandelt; es sah wunderhübsch aus, wie der Motor, vom Schnee umwirbelt, durch den Nebel sauste. Darauf kehrten wir alle nach der Hütte zurück und verbrachten die Nacht dort sehr behaglich.

Heute morgen wollte ich die Abfahrt der Motorschlitten sehen und war angenehm überrascht, als keiner der Führer mehr als 30 Minuten zum Antrieb seines Schlittens brauchte, obwohl es schwierig ist, bei scharfem, kaltem Wind eine Lampe zum Brennen zu bringen. Lashly fuhr sehr bald ab, machte nach etwa 1 Kilometer Halt, der Abkühlung wegen, und fuhr dann ununterbrochen 5 Kilometer weiter. Aber er hatte die Sache ein bißchen übertrieben, das Schmieröl aufgebraucht und seine Maschine zu heiß werden lassen. Der nächste Anlauf brachte ihn nur wenig über 2 Kilometer vorwärts, und kurz vor dem zur Barriere hinaufführenden Schneeabhang mußte er haltmachen.

Mittlerweile saß Day wieder fest, wurde aber schließlich aller Schwierigkeiten Herr und kam mit guter Geschwindigkeit vorwärts. Bald mußten die Männer neben den Schlitten laufen - kurz, er hielt nur an, um Lashly das Schmieröl auszuhändigen, und sauste dann mit seiner größten Geschwindigkeit den Abhang hinauf - der erste Automobilist auf der großen Eisbarriere! Wir alle schrien laut Hurra. Weiler sauste der Motor, und die nebenher laufenden Männer wurden in der Ferne kleiner und kleiner.

Wir eilten, Lashly zu helfen, der seine Maschine wieder in Gang gebracht hatte. Auch er fuhr jetzt, wenn auch nicht so stürmisch, doch ohne anzuhalten, den Abhang hinauf.

Den Motoren noch ein Lebewohl nachrufend, eilten wir zur Hüttenspitze, tranken dort Tee und marschierten nach Kap Evans zurück. Tagsüber machten wir 42 Kilometer, unter den heutigen Umständen keine üble Tagesleistung, aber ich fürchte, meine Füße werden dafür büßen müssen.

28. Okt. Meine Füße sind wund, und die »Achillesferse« ist überanstrengt (Gelenkentzündung); in 1 oder 2 Tagen wirds vorüber sein. In der letzten Nacht entsetzlicher Spektakel in den Ställen: Christoffer und der Chinese bei einer Beißerei ertappt. Gran wäre beinahe von Hufschlägen getroffen worden. Die Ponys geraten bei dem guten Futter ganz außer Rand und Band.

30. Okt. Während ich dies schreibe, heult ein Orkan. Gestern kampierten Wilson, Crean, Deckoffizier Evans und ich in unserer Schlittenkleidung bei den Eisbergen, Ponting und seinem Kinematographen zu Gefallen. Er hat eine Filmreihe aufgenommen, die wohl die interessanteste seiner ganzen Sammlung ist.

Bei unserer Rückkehr war Meares wieder da; ihm und den Hunden geht es gut. Leutnant Evans war am Sonnabend auf der Hüttenspitze und berichtete ihm, Lashlys Motor habe in der Nähe des Hauptlagers versagt. Ein Zylinder sei geplatzt; glücklicherweise hätten sie Ersatzteile mitgehabt, und Day und Lashly hätten die ganze Nacht hindurch bei 32° Kälte mit der Ausbesserung zu tun gehabt. Dieses Unfalls wegen werde ich nicht morgen, sondern erst Mittwoch aufbrechen; auch sind einige meiner Leute durch die zweitägige Hilfeleistung bei den Motoren sehr in Rückstand geraten.

Aufbruch zum Südpol

Mittwoch, 1. Nov. 1911. Heute morgen brachen wir in mehreren Abteilungen auf - Michael, der Baron und der Chinese sollten gegen 11 Uhr vormittags als erste den Marsch antreten. Der kleine Teufel Christoffer wurde mit der gewöhnlichen Mühe angespannt, und Oates mußte seine ganze Kraft aufbieten, um sich auf dem Schlitten zu halten. Knochen trabte ganz manierlich mit Crean ab; ich folgte mit Schnipps in seiner Spur. 10 Minuten darauf sauste Deckoffizier Evans mit Schnapper, wie stets in voller Fahrt, an uns vorbei. Der Wind wehte bei der Finnwalinsel sehr heftig, und der Himmel sah drohend aus - die Ponys hassen den Wind. 2 Kilometer weiter überholte mich Bowers mit Viktor und ließ mich da, wo ich am liebsten bleiben wollte: am Ende der Reihe.

Schnapper übernahm bald die Führung und erreichte, immer gleichmäßig vorwärts stürmend, die Hüttenspitze in 4 Stunden. Knochen und Christoffer langten fast ebenso frisch an; letzterer war auf der ganzen Fahrt bockig gewesen. Wir übrigen drei kamen eine Stunde später an. Es war auch Zeit, denn bald nachher erhob sich ein Sturm.

2. Nov. Hüttenspitze. Der gestrige Zug war für die Geschwindigkeit der Ponys sehr lehrreich, und mein weiterer Marschplan ist nun klar. Wir brechen in 3 Abteilungen auf - die langsamen Ponys, die halbschnellen und die »Flieger«. Schnapper soll zuletzt abfahren. Wir wollen mit Nachtmärschen beginnen und ziehen hoffentlich nach dem Abendbrot ab.

3. Nov. Bei der Hüttenspitze wehte es scharf mit etwas Treibschnee, aber wir fuhren doch abteilungsweise los. Die Ponys marschierten gleichmäßig über das Meereis. Ich traf Atkinson, als er eben wieder aufbrechen wollte; der Chinese und Jehu seien müde, meinte er. Wir hatten kaum unser Lager aufgeschlagen, da kam Ponting mit Dimitri und seinem kleinen Hundegespann.

Nach kurzer Rast packten wir wieder auf und marschierten weiter. Frühstück um Mitternacht ist nicht gerade meine Schwärmerei, aber der Marsch hinterher ist ein Genuß, wenn wie heute der Wind sich legt und die Sonne wärmer wird. Die beiden Abteilungen vor uns kampierten 9 Kilometer jenseits des Hauptlagers, und wir kamen etwa ¾ Stunde später bei ihnen an.

1 Uhr mittags. Futterstunde. Ich weckte die Gesellschaft, und Oates teilte das Futter aus - alle Ponys fressen gut. Es ist schwül, kein Lüftchen regt sich, rings blendendes Licht, und man vergißt ganz, daß die Temperatur 30° unter 0 ist. In der Nähe unseres Lagers liegt eine Petroleumkanne mit einem Zettel, der besagt, daß der eine Motorschlitten am 29. Oktober 9 Uhr abends in voller Fahrt diese Stelle passiert habe - die Motorabteilung ist uns 4 bis 5 Tagemärsche voraus und müßte diesen Abstand eigentlich einhalten.

4. Nov. Gleich nach unserer Abfahrt fand ich auf einem sehr lustigen Zettel die erfreuliche Mitteilung, mit den Motoren stehe alles gut und beide gingen ausgezeichnet. Day schrieb: »Hoffentlich sehen wir uns erst wieder auf 80° 30' südlicher Breite!«

Der arme Junge! Kaum 3 Kilometer weiter wird er schon aus einem andern Tone gesungen haben! Wahrscheinlich hat er am 29. Oktober sehr schlechte Bahn gehabt, und nun schien alles verkehrt zu gehen. Eine Menge von Petroleum und Öl wurde »verkleckert«. Aber es kam noch schlimmer. Etwa 7 Kilometer weiter stießen wir auf eine Konservenbüchse mit der inhaltsschweren Nachricht: »Days Motorzylinder Nr. 2 geplatzt.« Und nach einem weiteren Kilometer fanden wir den Motor, seine Lastschlitten und was dazu gehörte. Zettel von Leutnant Evans und Day erzählten den Hergang: der einzige Aushilfezylinder war zu Lashlys Motor verwendet worden; Days Maschine so zu ändern, daß sie mit 3 Zylindern lief, hätte zu lange gedauert. Also hatten sie sich entschlossen, diesen Motor im Stich zu lassen und mit dem andern allein weiterzufahren. So ist denn der Traum, große Hilfe an den Motoren zu haben, vorbei!

5. Nov. Ecklager. Die Ponys haben sich auf der weichen Oberfläche gut gehalten, waren aber auch nur leicht beladen. Ein sehr konfuser Zettel von Leutnant Evans teilt mir mit, die Maximalgeschwindigkeit des Motors sei 13 Kilometer pro Tag. Sie haben 9 Säcke Preßheu mitgenommen, aber im Süden sehen wir 3 schwarze Punkte - sollte das nicht der verlassene Motor mit seinen Lastschlitten sein? Welche Enttäuschung!

6. Nov. Wir brachen in gewöhnlicher Marschordnung auf und nahmen aus dem Ecklager ganze Lasten mit, für den Fall, daß sich die schwarzen Punkte im Süden wirklich als unser Motor herausstellen sollten. Als wir nun dort anlangten, sah ich meine Befürchtungen vollauf bestätigt. Ein Zettel von Leutnant Evans meldete, die bisherigen Mängel hätten sich wiederholt: ein Zylinder war geplatzt, im übrigen war die Maschine in Ordnung. Die Motorabteilung ist vorschriftsmäßig als Hilfsmannschaft weitergezogen.

7. Nov. Ein Orkan wütete die ganze Nacht und bis jetzt, wo ich dies spät am Nachmittag schreibe. Vormittags kam mitten im Schneegestöber die Hundeabteilung an und schlug unge- fähr ½ Kilometer von uns ihr Lager auf. Meares hatte gehofft, uns noch schneller einzuholen, aber es ist schon beruhigend, daß die Hunde überhaupt Lasten ziehen wollen und imstande sind, solchem Wind zu trotzen.

Die Ponys wurden wie gewöhnlich vom Schnee sehr mitgenommen. Zelte und Schlitten sind arg verschneit, die Schneewehen hinter den Ponywällen haben wir schon mehrmals weg- geschaufelt. Wenn wir nur erst wieder auf dem Marsche wären! Nur ein wenig Sonne! Unter ihren Decken frieren die Ponys nicht; etwas feiner Schnee dringt freilich auch darunter, und besonders unter die breiten Bauchgurte, taut hier auf und legt sich erkältend auf die warme Haut. Auch quält der Schnee die Tiere, wenn er als seiner Nadelregen auf empfindliche Stellen wie Nüstern, Augen und Ohren niederprasselt. Es ist schauderhaft, hier still liegen zu müssen, während das Wetter den Tieren, von denen so viel abhängt, das Mark aus den Knochen saugt.

8. Nov. Bis gestern abend wehte es unausgesetzt bei bewölktem Himmel. Ich befahl schließlich den Aufbruch, und bald nach Mitternacht zog der Vortrab ab. Zu meiner Überraschung sahen die »Schindmähren«, als ihnen die Decken abgenommen wurden, ganz frisch und leistungsfähig aus, fuhren schnellen Schrittes davon, legten 11 Kilometer zurück und waren schon im Lager, als unsere Abteilung, die tüchtig marschiert war, anlangte. Nachdem sie wieder abgezogen waren, warteten wir auf das Eintreffen der Nachhut und schlossen uns ihr an. Da sich zuletzt der Wind legte, die Sonne an Kraft gewann und die Ponys ihre Sache gut machten, war der Weitermarsch ein wirkliches Vergnügen.

Unsere im vorigen Jahr errichteten Wegmale finden wir sehr leicht wieder. Durch die für die Ponys aufgeführten Schneewälle, die Lagerplätze und die Wegmale werden wir auf dem Rückmarsch unsere Spur leicht verfolgen können. Der Wind hat sich gelegt, und die Sonne scheint prächtig. Menschen und Ponys schwelgen in solchem Wetter, und ich habe den from- men Wunsch, daß es nun, da wir uns aus der windigen Nordregion entfernen, eine Weile so bleiben möge! Bald nachdem wir das Lager aufgeschlagen hatten, langten die Hunde gemütlich trabend ebenfalls an.

9. Nov. Auf dem heutigen Marsch ließ Wright einen Augenblick seinen Pony los, um seinen Geschwindigkeitsmesser zu untersuchen; dem Chinesen gefiel aber das Zurückbleiben nicht, und er galoppierte der Hauptschar nach, so daß Wrights lange Beine kaum ausreichten. Dadurch ließ sich der alte Jehu anstecken und lief im Zuckeltrab hinterher. Diesem Pony hatten wir keinen einzigen pausenlosen Marsch zugetraut, und nun zeigt er sich so tapfer!

10. Nov. Ein greulicher Marsch. Zuerst starker Gegenwind, dann Schneesturm. Wright ging voran; die Orientierung wurde ihm bald sehr schwer. Zum Glück fand er, als er schon das Lager aufschlagen wollte, die Spur der Exmotorabteilung wieder, der wir bei halbwegs gutem Wetter werden folgen können. Die Ponys machten ihre Sache wieder ausgezeichnet, aber die Oberfläche war auch famos. Die heutige Einbuße beträgt zwar nur 3 Kilometer, ist aber doch unangenehm.

Sonntag, 12. Nov. Unsere Märsche sind gleichmäßig scheußlich, und die Oberfläche bleibt schauderhaft. Heute erreichte unser Vortrab geradeswegs genau unser vorjähriges, durch eine Fahnenstange bezeichnetes Blufflager. Hier fand ich einen sehr vergnügten Zettel von Leutnant Evans vom 7. Nov.; darnach ist er uns fast um 5 Tage voraus, was sehr erfreulich ist. Atkinson lagerte 2 Kilometer weiter und machte mir die traurige Mitteilung, der Chinese werde höchstens noch ein paar Kilometer aushalten. Das Wetter war greulich: Wolken, Finsternis und Schnee, und wir sind in sehr gedrückter Stimmung.

13. Nov. Wieder ein entsetzlicher Marsch: trostlose Beleuchtung und miserable Oberfläche! Wenn wir nur erst 33 Kilometer weiter das Ein-Tonnen-Depot erreichen, werden wir klar sehen, woran wir sind; aber die Tiere machen mir große Sorge, denn sie sind nicht die Ponys, die sie sein müßten.

3 Uhr nachmittags. Seit einigen Stunden hat es beharrlich geschneit, und der Schnee auf der weichen Oberfläche ist Zoll um Zoll gestiegen! Was kann solch ein Wetter zu bedeuten haben? Dieses Übermaß an Niederschlägen muß auf irgendeine außenliegende Quelle zurückgehen, wie etwa das offene Meer. Wenn das aber ein Ausnahmezustand ist, dann wird unser Los furchtbar sein! Im Lager geht es schweigsam und niedergeschlagen zu, ein Zeichen, daß es schlecht steht.

15. Nov. Unser Ein-Tonnen-Depot (241 Kilometer von Kap Evans) haben wir ohne Schwierigkeit gefunden. Die ersten 10 Kilometer ermüdeten den Chinesen sehr; er marschierte dann aber doch in guter Haltung hinter den andern her; der Weg war auch entschieden besser. Heute ist Ruhetag für die Tiere, dann soll es mit einer täglichen Geschwindigkeit von 24 Kilometer weitergehen. Oates ist überzeugt, daß die Ponys das aushalten werden, obgleich sie schneller mager geworden seien, als er erwartet habe. Er ist sonst sehr pessimistisch.

Ein Zettel von Leutnant Evans, am 9. geschrieben, meldet, daß seine Abteilung mit 4 Kisten Schiffszwieback nach 80° 30' südlicher Breite gezogen sei; er hat in 2 ½ Tagen mehr als 55 Kilometer zurückgelegt - ein großartiges Marschtempo. Hoffentlich hat er gute Wegmarken errichtet.

18. Nov. Die Ponys ziehen nicht gut. Die Oberfläche ist zwar schlechter als gestern, aber bessere können wir jetzt nicht mehr erhoffen. Mit Schrecken hatte ich festgestellt, daß wir zuviel Ponyfutter mitschleppten; wir ließen daher einen Sack zurück. Unsere 24 Kilometer haben wir hinter uns, und noch einige hundert Meter darüber. Die »Schindmähren« marschierten famos. Oates gibt dem Chinesen wenigstens noch 3 Tage, Wright sogar eine Woche. Besser wäre es, 10 wirklich zuverlässige Tiere zu haben. Alles hängt davon ab, ob wir noch mit ihnen den Beardmoregletscher bewältigen.

Sonntag, 19. Nov. Wir sind heute auf eine wirklich sehr schlechte Oberfläche gestoßen; die Schlitten glitten leicht darüber hin, aber die Ponys sanken sehr tief ein. Jehu ist halbtot; vielleicht, daß er noch einen Tag mitmacht, mehr aber nicht.

20. Nov. Der Weg ist etwas besser. Einige feste Stellen erweckten in mir Hoffnung auf bessere Eisverhältnisse, aber sie währte nicht lange. Die »Schindmähren« sind noch im Gang, Jehu ist sogar wohler als gestern; eine Marschstrecke hält er immer noch aus. Anfangs war heute der Chinese sehr elend, aber dann erholte er sich wieder. Die übrigen Ponys marschierten diese Nacht sehr gleichmäßig; sie gewöhnen sich schon an die weiche Schneekruste. Auch ihr Körpergewicht vermindert sich nicht so schnell, wie wir glaubten. Der Baron erscheint jetzt gesünder als je; er kann nie satt werden. Auch die übrigen fressen recht gut. Christoffer hat sogar heute den Vorderrand seines Schlittens zertrümmert - er muß noch viel überschüssige Kraft im Leibe haben! -

Auflösung der Motorabteilung

Dienstag, 21. Nov. 1911. Auf dem Weg zum Frühstückslager sahen wir schon von weitem ein großes Wegmal vor uns, und als wir 3 ½ Kilometer darüber hinaus waren, holten wir auf 8° 32' die Exmotorabteilung ein. Seit 6 Tagen wartete sie hier auf uns. Die Männer sehen ganz kräftig aus, sind aber sehr hungrig; daraus ergibt sich, daß eine Ration, die für Ponylenker ausreicht, für Männer mit schwerer Zugarbeit nicht genügt, also meine Anordnung für unsern Marsch in die Höhe richtig ist. Selbst dabei werden wir zweifellos bald alle Hunger zu spüren bekommen.

Die Motorabteilung soll uns noch 3 Tage begleiten, dann gehen Day und Hooper zurück. Solange hält auch Jehu noch aus; dann wird er wohl als Hundefutter dienen müssen; Meares lauert schon seit Tagen auf eine tüchtige Mahlzeit für seine Schützlinge. Der Chinese hält sich tapfer - wer weiß, ob die Ponys nicht doch noch leisten, was ich von ihnen erhofft habe.

22. Nov. Alles unverändert. Die Ponys magerer, aber nicht viel schwächer, die »Schindmähren« immer noch im Gang. Jehu heißt jetzt »das Barrierenwunder« und der Chinese »Donnerkeil «. Noch 2 Tage - und die Stelle, wo Shackleton sein erstes Tier tötete, ist hinter uns. Der Baron zieht mehr als die andern; die übrigen haben meist weniger als 225 Kilo, und wir werden ihnen wohl noch weitere Erleichterung verschaffen können. Die Tücken der Oberfläche werden jetzt immer häufiger: die Schneekruste erscheint fest, aber unter dem Gewicht des Pferdes bricht sie plötzlich 8 bis 10 Zentimeter tief ein. Das strengt die armen Tiere sehr an. Auch für die Männer wird dadurch das Nebenherlaufen immer mühsamer.

23. Nov. Wir kommen vorwärts. Noch 280 Kilometer, dann sind wir am Beardmoregletscher. Aber riskant ist die Sache immer noch! Wenn einer oder gar mehrere Ponys plötzlich versagten, säßen wir schön in der Klemme! Im Süden zieht sich eine Wolkenbank zusammen - ich fürchte, wir bekommen einen Orkan! Wenn er uns nur um Himmelswillen keinen Marschtag raubt! Das würde unser Futtervorrat nicht erlauben.

24. Nov. Gestern den ganzen Tag kalter Südwind und bewölkter Himmel. Unser Marsch begann trübe genug, aber endlich drangen Streifen klaren Himmels durch. Jetzt scheint die Sonne hell und warm, die Oberfläche ist gut, und die Ponys gehen gleichmäßig und regelrecht. Die Motorabteilung marschiert den »Schindmähren« unmittelbar vorauf, die übrige Truppe folgt ihnen 2 oder 3 Stunden später. Heute rückten wir nicht so dicht an sie heran wie sonst; die Pferde müssen also sehr tüchtig marschiert sein. Aber da ich vorher den Befehl erteilt hatte, wurde heute morgen Jehu nach beendetem Marsch erschossen. Wunderbar genug, daß er 8 Märsche mehr zurückgelegt hat, als wir ihm zutrauten, und noch weiter hätte laufen können. Der Chinese wird es sicher noch manchen Tag mit ansehen. Die übrigen zeigen keinerlei Erschlaffung.

25. Nov. Gestern abend sagten wir Day und Hooper Lebewohl und begannen mit der neuen Organisation. Alle brachen miteinander auf; Leutnant Evans, Lashly und Atkinson, die selbst ziehen müssen, gingen mit ihrem Gepäck auf dem 3 Meter langen Schlitten vorauf. Der Chinese und das Jakobsschwein folgten, und die übrigen kamen etwa 10 Minuten hinter ihnen. Wir erreichten zusammen das Frühstückslager und zogen von dort in derselben Reihenfolge weiter; die Schindmähren blieben nach und nach ein wenig zurück, aber nur etwa 300 Meter, so daß wir zu meiner großen Befriedigung alle zusammen im Lager ankamen. Nur noch einige Märsche weiter, dann haben wir die Gewißheit, daß wir unser Ziel erreichen!

Zusammenbruch der Ponys

Montag, 27. Nov. 1911. Der anstrengendste aller bisherigen Märsche! Der Weg war zuerst erbärmlich, und der Vortrab kam so schlecht vorwärts, daß wir ihn mehrfach einholten. Die zweite Marschhälfte war noch schlimmer. Der Vortrab lief auf Schneeschuhen und konnte, da jetzt alle Anhaltspunkte fehlten, nur mit größter Schwierigkeit Richtung halten. Als wir auf halbem Weg Rast machten, um ein Wegmal zu errichten, kam der Schnee plötzlich in dichten Massen herunter, und die Schneeschuhe wurden durch die anhaftenden Schneeklumpen entsetzlich schwer. Aber schon nach wenigen Minuten erhob sich Südwind, der sich sofort wohltätig fühlbar machte. Da die Vorhut jetzt zu Fuß ihren Schlitten zog, wurde es ihr noch schwerer, die gerade Richtung einzuhalten, bis sich endlich auf dem letzten Kilometer die Wolken verteilten. Wir gaben nun unsern Marsch auf, weil die Tiere sehr erschöpft waren. Soeben schneit es wieder heftig - der Himmel mag wissen, wann es aufhören wird. Unser Futtervorrat zwingt uns, unter allen Umständen täglich 24 Kilometer vorzudringen. Seit mehreren Tagen haben wir vom Lande keinen Schimmer mehr gesehen! Ein erschöpftes Tier macht auch einen müden Mann, und keiner von uns ist jetzt nach beendetem Marsch sonderlich vergnügt.

28. Nov. Der trübseligste Abmarsch, den man sich denken kann! Scharfer Südwind trieb dichten Schnee vor sich her. Auf halbem Weg machte der Himmel Miene, sich aufzuklären, und die Richtung war leichter zu finden. Beim zweiten Frühstück zog es sich wieder zusammen. Auf den letzten Märschen haben wir uns unser Weiterkommen geradezu erkämpfen müssen. Wenn nur endlich dieser unerwartete Sommerorkan vorüber wäre!

Der Chinese oder »Donnerkeil« ist heute abend erschossen worden. Der mutige kleine Bursche hat gut standgehalten und verläßt den Schauplatz nur wenige Tage vor seinen Kameraden. Wir haben nur noch 4 Säcke Preßheu, die für die übrigen Tiere auf 7 Tage ausreichen müssen; wir sind keine 170 Kilometer mehr vom Beardmoregletscher entfernt. Von Land noch keine Spur!

29. Nov. Unsere Lage hat sich gebessert. Gestern in später Stunde zeigte sich Land; der Mount Markham, ein großartiger, dreispitziger Gipfel, schien wunderbar nahe zu liegen. Wir zogen ungefähr 4 Uhr 20 ab, erreichten das heutige Lager ¼ nach 1 Uhr und werden durchschnittlich über 3 Kilometer in der Stunde zurückgelegt haben. Ich denke, die Ponys haben alle noch Kraft zu 5 tägiger Arbeit im Leibe; vielleicht sogar noch mehr. Der Chinese hat, ebenso wie Jehu, den Hunden 4 Mahlzeiten geliefert; das ergibt von jedem weitern Pony einen ähnlichen Futterzuwachs. Demnach können wir hoffentlich die Hunde noch schonen und sie gut füttern, um sie zur Heimreise zu benutzen.

Seit wir das Ein-Tonnen-Lager verließen, sind die Löcher, welche die Ponyhufe eindrücken, durchschnittlich 20, manche auch 30 Zentimeter tief - daraus kann man sich eine Vorstellung von der Mühsal unseres Marsches machen.

1. Dez. Breite 82° 47'. In wenigen Tagen ist es mit den Ponys aus - der Baron ausgenommen! Dennoch halten sie länger als ihr Futter, und heute abend habe ich, aller Proteste ungeachtet, Christoffers Tod beschlossen. Bei dem vielen Ärger, den er uns machte, trauern wir ihm weniger nach als den andern. Hier hinterlassen wir ein Depot, das südliche Barrierendepot; die Ponys haben also jetzt noch weniger zu ziehen. 3 weitere Märsche müßten uns herausreißen. Mit den 7 Schindmähren und den Hundeschlitten müssen wir durchkommen, denke ich.

2. Dez. Ich übergab Oates meinen Schnipps und lief selber auf Schneeschuhen, ein bequemes Vorwärtskommen, wobei ich mehrere photographische Aufnahmen der mühsam trabenden Ponys machte. Später schritten sie besser aus, und ich hatte bald tüchtig zu tun, um die Führung zu behalten. So kamen wir in gehobener Stimmung ins Lager. Es tat mir leid, Viktors Todesurteil sprechen zu müssen - dem armen Bowers ging es nahe, denn sein Pony ist vortrefflich genährt und wird den Hunden 5 Mahlzeiten liefern. Bei unserm knappen Futter müssen wir die Tiere töten, aber wir haben den 83. Breitegrad erreicht und können sicher sein durchzukommen. Die Hunde machen ihre Sache herrlich; von morgen an werden sie schwerere Lasten zu ziehen haben. Alles sieht gut - wenn nur das Wetter es uns ermöglicht, an den Gletscher

heranzukommen! Heute abend entwölkt sich der Himmel! Wir essen jetzt alle Pferdefleisch und sind so satt, daß an Hunger gar nicht zu denken ist.

Sonntag, 3. Dez. Unser Wetterglück will nicht kommen! Um ½ 5 tobte der stärkste Südsturm, den ich hier im Sommer erlebt habe; er zerstörte den Ponywall und begrub die Schlitten in riesenhaften Schneewehen. Um 2 Uhr machten wir uns auf den Weg; allenthalben war das Land sichtbar, und alles sah vielversprechend aus - mit Ausnahme einer Wolke im Südosten! Und richtig! Um 2 Uhr 15 zog sie herauf, um ½ 3 hatte sie das Land völlig weggewischt, schon vor 3 war sie über uns, die Sonne verschwand, der Schnee viel dicht, und der Marsch wurde furchtbar. Trotzdem sind wir 20 Kilometer vorgedrungen.

4. Dez. Während der Nacht war der Wind umgesprungen, aber die Sonne war bedeckt und der Himmel wolkenschwer. Plötzlich während des Frühstücks nahm der Wind an Stärke zu, und bald saßen wir in einem regelrechten Orkan. Wir mußten alle helfen, neue Ponywälle aufzuschaufeln, eine schauderhafte Arbeit, aber für die Tiere unentbehrlich. Die Hunde kamen gestern abend gleichzeitig mit uns an, und die Hilfsmannschaft heute morgen; sie hatte große Mühe, unserer Spur zu folgen. So wären wir denn wieder alle beisammen. Marschieren ist bei diesem Wetter ganz unmöglich. -

Am ½ 1 Uhr mittags begann der Himmel sich aufzuklären, um 1 schien die Sonne, um 2 waren wir auf dem Marsch, und um 8 Uhr abends schlugen wir das Lager auf, nachdem wir reichlich 24 Kilometer zurückgelegt hatten. Das Land war während der ganzen Zeit in klaren Umrissen zu erkennen; es zeigte mehrere große, noch nicht auf der Karte verzeichnete Gletscher. Die Ponys marschierten heute noch verhältnismäßig gut, trotz tiefen Schnees in dem wellenförmigen Gelände. Die Hunde sind einfach prächtig, hatten aber nichts mehr zu fressen, so daß wir ihnen den Pony Michael opfern mußten.

Durch die beiden letzten scheußlichen Tage haben wir zwar nur 11 Kilometer verloren, aber wenn dieser Aufruhr in den Lüften anhält, was soll da erst auf dem Gletscher werden, wo wir mehr als anderswo schönes Wetter dringend brauchen? Wir haben jetzt den ersten Teil unserer Reise hinter uns. Wenn Amundsen auf seinem Weg nur etwas Glück hat, wird seine Reise wohl bedeutend kürzer werden.

Ein verhängnisvoller Aufenthalt

Dienstag, 5. Dez. 1911. Wir erwachten heute früh bei wütendem Schneesturm. Bisher fehlte wenigstens der feine Puderschnee, das eigentliche Kennzeichen des Orkans - heute haben wir ihn in schönster Vollkommenheit! Eine Minute im Freien, und man ist von Kopf bis zu Fuß damit bedeckt. Dabei ist die Temperatur so hoch, daß alles kleben bleibt. Die Ponys stehen tief im Schnee, und Kopf, Schwanz, Beine und jedes Fleckchen, das nicht durch die Decke geschützt wird, ist wie mit Eis überzogen. Die Schlitten sind fast unsichtbar, und hohe Schneewehen ragen über die Zelte. Nach dem Frühstück haben wir die Schutzwälle wieder aufgeschaufelt und stecken jetzt von neuem in unsern Schlafsäcken. Bei solchem Wetter zu marschieren, und nun gar dem Sturm entgegen, ist natürlich ausgeschlossen! Es ist mehr als Pech! Keine Voraussicht - keine Überlegung - keine Erfahrung - nichts hätte uns auf so etwas vorbereiten können!

11 Uhr abends. Den ganzen Tag heftiger Sturm - der größte Schneefall, den ich je gesehen! Die Schneewehen um unser Zelt sind einfach riesig. Die Temperatur betrug heute nachmittag ½° unter 0! Wo der Schnee nicht wieder auf Schnee fällt, taut er sofort: Zelte, Windanzüge, Nachtstiefel, alles ist klatschnaß, von Zeltstangen und Zelttür tropft das Wasser, Wasser in Lachen auf dem Fußboden, Wasser durchweicht die Schlafsäcke und macht alles scheußlich ungemütlich. Jetzt fehlt nur noch plötzliche Kälte - dann wäre unsere Lage nicht auszudenken! - Aber alles wäre schließlich noch zu ertragen - wenn nur dieser Aufschub nicht so furchtbar ernst wäre - wir können uns nicht den geringsten Aufenthalt leisten!

6. Dez. Wir liegen im »Sumpf der Verzweiflung« - das Unwetter tobt mit unverminderter Heftigkeit. Die Temperatur ist auf ½° über 0 gestiegen. Im Zelt schwimmt alles. Wer hinausgeht, kommt wie von einem Platzregen begossen wieder herein. Der Schnee klettert beständig höher um Wälle, Ponys, Zelte und Schlitten. Die Tiere sehen trostlos aus! Und dabei sind wir noch immer 22 Kilometer vom Beardmoregletscher entfernt. Mich durchschauert eine Hoffnungslosigkeit, der ich mich kaum noch erwehren kann.

7. Dez. Der Sturm dauert fort, und unsere Lage wird immer ernster. Für morgen bleibt uns nur noch eine kleine Futterration; wir müssen also morgen marschieren oder die Ponys opfern. Bedenklicher noch ist: wir haben heute morgen unsern Lebensmittelvorrat, der für die Gletscherwanderung bis zum Pol abgewogen war, anbrechen müssen! Die erste Hilfsmannschaft kann uns von heute ab nur noch 14 Tage begleiten und muß dann umkehren. Dieser stürmische Dezember - sonst der schönste Monat hierorts - ist eine Überraschung, auf die auch der Vorsichtigste nicht gefaßt sein konnte. Meares hatte einen bösen Anfall von Schneeblindheit auf einem Auge. Von Fröhlichkeit im Lager kann bei solchem Unwetter keine Rede sein, aber sie wartet nur darauf, wieder aufzuflackern. Gestern abend, als wir einige Minuten Hoffnung faßten, hörte man schon wieder Lachen.

Um Mitternacht. Alles beim alten! Nichts kann so erbittern wie diese erzwungene Untätigkeit, wo jede Stunde von so ungeheurer Wichtigkeit ist! Ein schreckliches Los, immer nur die Wasserflecken an den grünen Zeltwänden, die glitzernd nassen Bambusstangen, die schmutzigen, klatschnassen Socken und was sonst, von Wasser durchweicht, von der Decke herabbaumelt, anstieren - ewig das Trommeln des herabfallenden Schnees und das Klatschen des aufgeblähten Zeltuches hören - die klebrig feuchten Kleidungsstücke fühlen zu müssen, und dabei zu wissen, daß draußen rechts und links und vorne und hinten eine weiße, farblose Mauer uns entgegenstarrt! Und dann das niederschmetternde Gefühl, daß mein ganzer Plan mißlingt - mißlingen muß!

8. Dez. Gegen 4 Uhr machte der Himmel Miene, sich aufzuhellen, man konnte einige Stellen des Landes erkennen - ein Funke Hoffnung lebte wieder in uns auf. Ach! während ich dies schreibe, ist die Sonne von neuem verschwunden, und es schneit schon wieder! Unsere Lage wird verzweifelt! Leutnant Evans versuchte heute nachmittag mit seiner Mannschaft auf Schneeschuhen eine Last zu ziehen - sie brachten tatsächlich einen Schlitten, auf dem 4 Mann saßen, vorwärts; aber als sie ihn zu Fuß ziehen wollten, sanken sie bis über die Knie in den Schnee. Dann versuchten wir es mit dem Baron, der versank bis an den Bauch! Mit den Ponys ist's aus,

meint Wilson; nur Oates versichert, daß sie trotz des ungeheuer hohen Schnees noch einen Marsch aushalten würden, wenn er morgen stattfinde. Wenn nicht, dann müssen wir morgen die Ponys töten und, koste es was es wolle, mit den Leuten auf Schneeschuhen und den Hunden weiterziehen. Aber was können Hunde in solchem Schneemeer leisten?

9. Dez. Ich ging in der Nacht ein paarmal aus dem Zelt, um mich zu vergewissern, daß das Wetter langsam besser wurde; um ½ 6 waren wir alle munter, und um 8 zogen wir mit den Ponys ab - einem schweren Tag entgegen. Der entsetzliche Schneefall hatte den Weg unerträglich weich gemacht; wir trieben die armen, auf halbes Futter gesetzten Tiere genügend an, aber keines behielt die Führung länger als ein paar Minuten; der Spur folgen konnten sie gut. Am 8 Uhr abends waren wir etwa 2 Kilometer von dem Abhang, der zu der Schlucht hinaufführt, die Shackleton »das Einfahrtstor« getauft hat. Meine Hoffnung war, viel früher mit dem Rest der Ponys dieses Tor zu passieren; wäre nicht der mörderische Orkan gewesen, so hätten wir das auch fertig gebracht. Aber verzweifelt ist darum unsere Lage noch nicht, wenn nur der Sturm den Weg da oben nicht rettungslos verdorben hat.

Abends um 8 waren die Ponys alle miteinander völlig fertig. Wir schlugen deshalb das Lager auf, das »Schlachthauslager«, wie wir es nennen, denn wir haben alle Ponys erschossen! Die armen Tiere! Die Hunde laufen gut trotz des schlechten Weges, aber die Hilfe, die wir brauchen, sind sie nicht; ich kann ihnen auf solchem Schnee keine schweren Lasten aufbürden. Die Landschaft ist großartig; drei riesige Granitpfeiler bilden die rechte Wand des Einfahrtstores und ein scharfer Ausläufer des Mount Hope die linke. Aber überall liegt viel mehr Schnee als vor dem Sturm. Zweifelhafte Aussichten! Dennoch ist heute abend jeder vergnügt, und Scherzreden stiegen hin und her. Möge uns Mount Hope, der »Hoffnungsberg«, ein gutes Wahrzeichen sein!

Auf dem Beardmoregletscher

Sonntag, 10. Dez. 1911. Ich war in größter Sorge, wie wir unsere Lasten über eine so schauderhafte Oberfläche weiterbringen würden. Und doch ist es gelungen, dank unsern Schneeschuhen! Ich weckte alle um 8, aber es wurde Mittag, bevor wir mit dem Umpacken der Lasten fertig waren und aufbrechen konnten. Die Hunde schleppten außer den Depotvorräten (90 Kilo) noch 270 Kilo von unsern Lasten. Die erste Strecke legten wir mit 3 ½-Kilometer-Geschwindigkeit zurück, da wir die Schlittenkufen sorgfältig abgekratzt und getrocknet hatten. Der Tag war wunderschön. Bald begann der Weg zu steigen; schließlich wurde er steil, und wir mußten die Schneeschuhe ablegen. Damit wurde das Ziehen außerordentlich anstrengend; wir sanken an manchen Stellen bis über die Knie ein, die Schlitten selber an weichen Stellen bis an die Querstangen. Am 5 Uhr waren wir endlich oben. Abwärts ging das Ziehen fast ebenso mühsam, aber wir konnten doch wieder unsere Schneeschuhe gebrauchen.

Um 9 Uhr 15 schlugen wir unser Lager auf, als plötzlich vom Gletscher ein starker Wind herunterfegte; an Weitermarschieren war nicht zu denken, denn der zweite Schlitten, den Leutnant Evans führt, konnte nicht mit uns Schritt halten, und Wilson machte mir höchst beunruhigende Mitteilungen über diese Abteilung. Wright ist am Ende seiner Kräfte! Und Lashly infolge der schweren Zugarbeit auch nicht mehr recht auf dem Posten! Wenn die Kameraden anfangen, zusammenzubrechen - was soll dann werden?

11. Dez. Ein Tag - teils gut - teils sehr schlecht! Vor dem Abmarsch um 11 Uhr errichteten wir das untere Gletscherdepot, türmten es weithin sichtbar auf und ließen eine Menge Sachen dort. Dann gingen wir auf dem Gletscher geradeaus, zogen unsere Schlitten auf Schneeschuhen, und die Hunde folgten. Ich hatte die Führer ermahnt, ja dicht neben ihren Schlitten zu bleiben, und wir müssen, ohne es zu merken, über eine Menge Spalten gefahren sein, wir dank unsern Schneeschuhen und die Hunde dank dem weichen Schnee.

Um 3 Uhr hatten wir das Preßeis hinter uns. Nun ließ ich haltmachen, abladen, alles auf unsere 3 Schlitten packen, und Meares und Dimitri mit den Hunden umkehren. Da längs des Weges Futter niedergelegt ist, werden sie gut nach Hause kommen. Dem nächsten Aufbruch sah ich nun mit ängstlicher Spannung entgegen. Brachten wir die schweren Lasten voran oder nicht? Meine Abteilung machte sich zuerst auf den Weg, und ich sah mit größter Freude, daß wir ziemlich gut vorwärts kamen. Dann und wann sank der Schlitten ein; das gab ärgerlichen Aufenthalt, aber bald gewöhnten wir uns an solche Vorfälle. Die Hauptsache ist, den Schlitten immer in Bewegung zu halten.

Mit einemmal aber wurde die Oberfläche gleichförmiger, wir hatten uns wohl auch besser eingearbeitet, und von 6 bis 7 Uhr blieb mein Schlitten nicht ein einziges Mal stecken. Ich jubelte im stillen; aber den andern ging es leider nicht ebenso. Bowers mit dem dritten Schlitten kam etwa eine halbe Stunde später an als wir. Aber Leutnant Evans stellte sich mit seiner Abteilung erst um 10 Uhr ein! Ich hatte den Tag schon als großen Erfolg gebucht - nun scheint sich ein neues Hindernis vor uns aufzurichten! Infolge ihrer Unvorsichtigkeit leiden fünf von uns alle mehr oder weniger an Schneeblindheit.

12. Dez. Heute war es mein Gespann, dem die Arbeit am sauersten wurde. Wir saßen alle Augenblicke fest, und der Schlitten war schwer wie Blei. Vor dem Weiterziehen nach dem zweiten Frühstück fürchtete ich mich geradezu, aber nachdem der Schlitten einmal in Gang war, übernahmen wir bald wieder die Führung. Um 6 Uhr erschlafften die andern Gespanne; so wurde denn um 7 das Lager aufgeschlagen. Wir haben vielleicht 15 Kilometer zurückgelegt - die Entfernungsmesser an den Schlitten sind auf solchem Gelände ganz unzuverlässig.

13. Dez. Ein ganz verflucht gräßlicher Tag! Wir brachen um 8 Uhr auf - das Ziehen ging schrecklich schlecht. Stellenweise hatte sich eine neue Schneekruste gebildet, die aber noch nicht stark genug war, um uns zu tragen, und zu glatt, um Halt zu geben. Dadurch rutschten wir oft wieder zurück, und die Schlitten fuhren sich dabei im weichen Schnee fest.

Nach dem zweiten Frühstück zog Evans eine Zeitlang recht flott einen Abhang hinauf, Bowers hinter ihm drein. Aber es dauerte nicht lange, und beide Abteilungen waren in verzweifelter

Lage. Die Oberfläche war schauderhaft geworden, der Schnee naß und klebrig. Wir kamen zwar mit unserm Schlitten vorwärts, aber wir waren in Schweiß gebadet und mußten ziehen, daß uns der Atem ausging. Immer wieder lag die eine Kufe auf härterem Schnee als die andere, so daß sich der Schlitten neigte und nicht fortzubringen war. Als wir oben auf dem Abhang ankamen, sah ich, daß Evans seine Last schubweise beförderte, und bald darauf folgte Bowers seinem Beispiel. Wir zogen unsere vollen Schlitten bis zum Lager um 7 Uhr abends weiter, aber mit häufigen Pausen und mit einer Anstrengung, die schon mehr Überanstrengung war.

Ich fürchte, daß wir heute nur 7 Kilometer weitergekommen sind. Ich hatte hier, in 450 Meter Höhe, fest auf eine Besserung unserer Lage gerechnet; statt dessen scheint sich alles zu verschlechtern! Aber was bleibt uns übrig? Wir müssen weiter, so wenig ermutigend auch alles ist. Beim zweiten Frühstück umschwebten uns zwei Skuamöwen; ohne Zweifel hat unser »Schlachthauslager« sie hergelockt.

14. Dez. Als wir nach einem Marsch von 18 bis 20 Kilometer um ½ 7 Uhr das Lager aufschlugen, hatte sich unser Weg auffallend verändert. Beim zweiten Frühstück war blaues Eis etwa 60 Zentimeter tief unter uns, jetzt nur noch 30 Zentimeter, und ich hoffe, es bald ganz blank zu finden; zu Ende unseres Marsches zogen wir unsere Lasten mit größter Leichtigkeit - wirklich einmal ein angemessener Lohn für unsere Mühe. Zwar ist heute abend der Himmel wieder bewölkt, und der Wind weht gletscheraufwärts - auf der Barriere wird wieder schlechtes Wetter sein. Um uns her sind Spalten im Eis, eine hinter Bowers' Zelt ist etwa 45 Zentimeter breit.

15. Dez. Höhe ca. 750 Meter, Breite etwa 84° 8'. Wir machten heute etwa 18 Kilometer. Die Schneedecke auf dem blauen Eis wurde zwar dünner, aber der Himmel düsterer, die Wolken senkten sich immer tiefer herab und überschütteten uns schon vor 5 Uhr mit Schnee. Zu sehen war nichts mehr, und um ¾ 6 blieb uns nichts weiter übrig, als das Lager aufzuschlagen - wieder ein unterbrochener Marsch! Wir haben wirklich zu viel Pech! Evans und seine Abteilung sind jetzt die langsamsten, und Bowers kommt auch nicht viel schneller vorwärts.

Die Schneedecke hier ist nur 23 Zentimeter dick; an einigen Stellen schimmern Eisflecke und harter Firnschnee durch. Aber das Wetter hat alle Anzeichen des Sturmes, der unsern Ponys so verhängnisvoll wurde; es zog wieder aus Südosten herauf - es wird uns doch um Himmelswillen nicht wieder den fürchterlichen Schnee bringen, hier auf dem gefährlichsten Teil des Gletschers!

16. Dez. Ein düsterer Morgen! Gegen Mittag hellte es sich auf, und ein herrlicher Abend beschloß den Tag. In 10 Stunden 18 Kilometer - unterdes hat sich das Aussehen des Gletschers sehr verändert. Wir traten den Marsch wie gewöhnlich auf Schneeschuhen an. Am Nachmittag gerieten wir auf eine eigentümliche Oberfläche - alte, harte Schneefahnen zu unterst, und darüber Gruben zwischen weichen Schneefahnen, die von neueren Schneefällen herrühren. Die Schlitten blieben alle Augenblicke stecken; wir mußten daher die Schneeschuhe ablegen und uns über die Maßen anstrengen. Die mürbe Schneekruste hielt ein paar Schritte weit, dann brach man etwa 25 Zentimeter tief ein, geriet wohl auch mit einem Bein in eine Spalte des harten Eises darunter. Wir erklommen eine Böschung und sahen vor uns einen langen Eiswall, der sich gerade über unsern Weg hinzog. Wir schwenkten daher nach dem Wolkenmacher ab und kamen bald auf hartes, mit Spalten durchzogenes wellenförmiges Eis, in dessen Vertiefungen große Mengen weichen Schnees lagen. Je mehr wir uns den Fahnen nähern, desto häufiger scheinen die Risse zu werden, während die Schneemenge sich verringert.

Sonntag, 17. Dez. Schon zu Anfang unseres heutigen Marsches waren wir arg in der Klemme: vor uns starke Eispressungen, lange Eiswellen zwischen uns und dem Land, auf den Wellenkämmen blaues Eis, und in den Wellentälern weicher Schnee! Der Höhenunterschied zwischen Kamm und Talsohle betrug 9 Meter, und wir konnten uns nur dadurch helfen, daß wir uns auf die Schlitten setzten und sie laufen ließen. So sausten wir abwärts, und die ungestüme Fahrt brachte uns noch eine ganze Strecke weit auf der andern Seite hinauf; dann gab's allerdings ein scheußlich mühsames Ziehen, um auf den nächsten Kamm zu gelangen. Nachdem wir das 2 Stunden lang betrieben hatten, erstiegen wir eine höhere Welle, deren Kamm sich als hartes Eis gletscheraufwärts fortsetzte. Hier marschierten wir 3 ½ Kilometer weit ganz vorzüglich;

dann aber machte ein jäher Abhang des Gletschers unserm Preßeisrücken ein Ende. Wir hatten wieder weiche und harte Schneeflächen vor uns, dazwischen stellenweise Eis, dazu Spalten nach allen Richtungen hin. Nach dem zweiten Frühstück versuchten wir daher, auf der Mitte des Gletschers, einem mehr oder weniger abgerundeten Eisrücken, zu bleiben, und das gelang vortrefflich. Am 6 Uhr 30 hatten wir gute 20 Kilometer hinter uns.

Der arme Wilson leidet noch sehr an den Augen. Heute vormittag marschierten wir in Unterjacken, die zum Auswinden naß wurden; so brennt uns die Sonne fast unmittelbar auf die Haut, dann kommt eiskalter Zugwind, der einen durchschauert, unsere Lippen sind wund; wir bekleben sie mit weichem Seidenpflaster. Durst quält uns, wir haben auf dem Marsche stets Eis im Mund und trinken bei jeder Rast sehr viel Wasser, unser Heizmaterial reicht eben aus, uns mit Wasser zu versorgen. Das Wetter wird schon wieder schlecht, und Schneewolken wälzen sich herauf - ich fürchte für morgen einen Wettersturz.

18. Dez. Wie ich gefürchtet hatte: Heute früh bedeckter Himmel mit Schneegestöber. Und Kleider und alles mit Spitzen von Eiskristallen besetzt, was wunderhübsch aussah. Da rechts das Land sichtbar war, konnten wir trotzdem abmarschieren, legten 13 Kilometer zurück und aßen in 1220 Meter Höhe zweites Frühstück. Anfangs war die Oberfläche ziemlich gut; dann wurde das Eis sehr holprig und zeigte scharf eingeschnittene Risse.

Nach dem zweiten Frühstück mußten wir über einige 100 Meter Eispressung. Später erweiterte sich der Gletscher zu einem breiten Becken mit unregelmäßigen Eiswellen, und nun wurde es besser. Lange dauerte es aber nicht, so daß wir den ganzen Tag mühsam ziehen mußten. Doch sind wir eine tüchtige Strecke, über 22 Kilometer, weitergekommen.

19. Dez. Höhe ca. 1770 Meter. Die Sache macht sich. Wir zogen heute früh auf guter Oberfläche ab, kamen aber bald an sehr unangenehme, kreuz und quer laufende Spalten. In zwei bin ich hineingefallen und habe mir Knie und Hüfte arg zerschunden, aber wir kamen trotzdem vorwärts und auf einmal an eine Fläche mit wunderbar glattem Eis, auf dem sich vorzüglich marschierte. Gegen Mittag gelangten wir in das obere Becken des Gletschers. Heute reichlich 27 Kilometer! Und ohne Überanstrengung, nur war der Nachmittagsmarsch für mich infolge meines Sturzes am Morgen etwas beschwerlich.

20. Dez. Das Glück scheint uns endlich hold zu sein. Wir legten heute 38 Kilometer zurück, die uns 240 Meter aufwärts führten. Mit den Steigeisen machte das Schlittenziehen gar keine Mühe. Während des Frühstücks mußten Wilson und Bowers fast 3 ½ Kilometer weit wieder zurückgehen, um Bowers' Schlittengeschwindigkeitsmesser zu suchen, der unterwegs abgebrochen war; sie fanden ihn aber nicht. Während ihrer Abwesenheit erhob sich ein Nebel, den östlicher Wind talaufwärts trieb; als er sich verzog, erblickten wir vor uns einen riesigen Eisrücken; ich steuerte auf eine Stelle los, wo er sich sanfter abdachte, und heute abend steht unser Lager unterhalb dieser Böschung. Wir müssen vor uns den Platz haben, wo Shackleton sich am 17. Dezember 1908 aufhielt.

Ich habe soeben die Leute ausgemustert, die morgen abend den Rückweg antreten sollen: Atkinson, Wright, Cherry-Garrard und Keohane. Sie sind alle bitter enttäuscht - besonders der arme Wright, und auch ich hatte diesem Augenblick mit Bangen entgegengesehen.

21. Dez. Oberes Gletscherdepot. Höhe etwa 2440 Meter. Wir erklommen heute morgen den Rand des Eisrückens und fanden droben eine weite, höchst morsche Eisfläche voller Spalten. Einer nach dem andern fielen wir hinein, Atkinson und Leutnant Evans so tief wie die Schlittenleinen reichten; Evans hat fast einen Nervenchok davongetragen. Um 12 Uhr überfiel uns Nebel gerade an der gefährlichsten Stelle, so daß wir 2 ½ Stunden warten mußten. Dann begann die Sonne sich durchzukämpfen, und wir kamen endlich auf eine langgestreckte Schneehalde, die zu einem Teil des Darwinberges führte. Bis ½ 8 Uhr zogen wir immerfort angestrengt bergauf, dann ließ ich das Lager aufschlagen, da die andern noch weit hinter uns zurück waren. Im ganzen war der heutige Marsch befriedigend, und wir haben einen guten Platz zur Errichtung unseres neuen Depots gefunden. Morgen gehts mit der vollständigen Höhenlast hinauf; schon dieser erste Marsch muß zeigen, ob wir unser Ziel werden erreichen können.

Der Marsch über die Höhe

Freitag, 22. Dez. 1911. Der dritte Teil unserer Reise beginnt vielversprechend. Zunächst errichteten wir heute früh das obere Gletscherdepot, dann nahmen wir Abschied von den Kameraden, die hier umkehren mußten. Uns allen ging es herzlich nahe. Unsere Expedition ist damit auf 2 Schlitten zusammengeschrumpft: den ersten führe ich; zu meiner Abteilung gehören Wilson, Oates und Deckoffizier Evans; den zweiten Schlitten ziehen Leutnant Evans, Bowers, Crean und Lashly.

Am 9 Uhr 20 brachen wir mit unsern schweren Lasten auf, ich mit Zittern und Zagen - das sich aber schnell gab, als wir in bequemem Schritt mühelos einen Abhang hinaufkamen. Der zweite Schlitten hielt sich dicht hinter uns; ich hatte also die richtige Auswahl unter meinen Leuten getroffen. Ein 7 stündiger Marsch brachte uns 19 Kilometer vorwärts. Morgen beginnen wir mit 9 stündigen Märschen; mit jedem Tag werden ja jetzt die Lasten leichter.

23. Dez. Am Nachmittag sah es eine Weile bedenklich aus. Wir zogen einen Abhang hinauf, dessen Gipfel eine ganz außergewöhnliche Oberfläche zeigte: nach allen Richtungen liefen enge Spalten, die eine dünne Kruste harten Firnschnees überdeckte. Alle nacheinander purzelten wir hinein, manchmal zwei zu gleicher Zeit. Wie sich über einer offenen Spalte eine harte Schneedecke bilden kann, ist mir ein Rätsel! Schließlich erreichten wir wieder ein Schneefeld, das eine harte Decke und darunter lose Eiskristalle hatte; bei jedem Schritt glaubte man, durch ein Glasdach zu brechen.

Um 5 Uhr nachmittags wurde plötzlich alles anders. Die harte Oberfläche machte regelmäßigen Schneefahnen Platz, und das Gelände ebnete sich nach allen Seiten hin. Am 6 Uhr ließ ich mit dem köstlichen Gefühl der Sicherheit, endlich die eigentliche Höhe (etwa 2360 Meter) erreicht zu haben, das Lager aufschlagen. Zum erstenmal glaube ich, mein Ziel schon nahe vor mir zu sehen. 28 Kilometer weiter und fast um 249 Meter höher in 8 ½ Stunden, das ist ein Fortschritt! Mein Entschluß, ohne Rücksicht auf die Richtung immer bergan zu gehen, war also durchaus richtig; von jetzt an werden uns Spalten oder steile Böschungen wohl nichts mehr in den Weg legen.

Sonntag, 24. Dez. Heiligabend. Der heutige Weg müßte eigentlich eine Probe dessen sein, was wir künftig zu erwarten haben. Wir legten etwas mehr als 26 Kilometer zurück, und nur am Spätnachmittag blieben die Schlitten oft kleben. Scharfer Wind hielt uns beim Marschieren kühl, ist aber im Lager gar nicht angenehm, unsere Gesichter überziehen sich nach und nach mit einer Eishaut. Wir tragen jetzt unsere Windjacken und haben den Kopf besser geschützt als sonst; aber diese Kleidung macht das Gehen nicht leichter.

Am Morgen zeigte sich doch wieder ein hoher Eisrücken zu unserer Linken; wir verloren ihn während des Marsches aus dem Gesicht. Aber heute abend erhebt sich ein zweiter an derselben Seite, und die Schneefläche ist abwechselnd hart und weich, voller Vertiefungen und Erhebungen! Wir stehen also wieder am Rande neuer Oberflächenstörungen - wenn wir nur nicht unsere Richtung wieder nach Westen ändern müssen! Wenigstens sind wir heute auf keine einzige Spalte gestoßen - ein gutes Zeichen!

25. Dez. Erster Weihnachtstag. In der Nacht war Schnee gefallen bei starkem Wind, und die Schneewehen lagen bis 30 Zentimeter hoch. Dennoch kamen wir die ersten 1 ½ Stunden großartig vorwärts. Dann ging es wieder einen Abhang hinauf, und wir saßen zu meinem größten Verdruß abermals zwischen Spalten, die harter, glatter Firnschnee überdeckte. Die Schneeschuhbstöcke halfen uns einigermaßen, aber ohne einige Anfälle ging es nicht ab. Als ich mich zufällig einmal umsah, hielt der zweite Schlitten eine Strecke weit hinter mir; augenscheinlich war einer von der Mannschaft in eine Spalte gestürzt. Schauderhaft frierend warteten wir ½ Stunde lang die Rettungsarbeit ab; schließlich kamen die andern wieder nach. Lashly war ganz plötzlich in eine Eisspalte gefallen und hatte seine Kameraden beinahe mit hinabgerissen! Der Schlitten war weitergelaufen und hatte dadurch die Leine so gespannt, daß der Abgestürzte mit dem Seil heraufgezogen werden mußte.

Auf der Höhe besserte sich der Weg. Am Nachmittag gerieten wir nochmals zwischen Eisspalten und verdeckte Risse, und obendrein zogen mächtige Schneestraßen fast in unserer Richtung hin. Wir marschierten wohl 3 ½ Kilometer weit zwischen solchen Straßen und brachen dabei oft genug ein. So kamen wir schließlich an eine riesengroße, von schroffen Abhängen eingefaßte Mulde. Ist dies ein versenkter Berggipfel oder ein mächtiger Wirbel im Eisstrom? Wir retteten uns aus dem Bereich der Spalten auf etwas tieferes Niveau und kamen bis ½ 8 Uhr prächtig vorwärts.

26. Dez. Vielleicht ein bißchen träge vom gestrigen Plumpudding, unserm weihnachtlichen Festessen, sind wir heute früh eine Stunde zu spät aufgebrochen, ich bin daher mit unserm heutigen Marsch nicht recht zufrieden, obgleich wir 24 Kilometer zurücklegten. Wir sind jetzt auf dem 86. Breitengrad. Die Temperatur war in der letzten Zeit ziemlich beständig, nachts 23 bis 24° und tagsüber 19° unter 0. Ich hatte gehofft, mit den Eisstörungen abgeschlossen zu haben, aber heute abend zeigt sich wieder eine mit Spalten durchzogene Erhebung zu unserer Rechten. Ob wir ihr wohl ausweichen können? Oder ob noch andere kommen?

27. Dez. Immer noch bergauf und bergab! Für den Nachmittagsmarsch schwante mir nichts Gutes, und richtig: als wir einen kurzen Abhang hinaufkamen, sahen wir uns schon wieder inmitten großer Spalten. Eine Stunde lang quälten wir uns fürchterlich, einen Weg zu suchen, stürzten in Spalten und standen schließlich wieder vor einem »Eisstrudel«, der der Mittelpunkt der Eisstörungen zu sein schien. Die letzte Marschstunde über weichen Schnee war dagegen eine Erholung, und wir brachten trotz allem 25 Kilometer fertig. Auf solchen Wegen den Führer abgeben, ist wahrlich keine Kleinigkeit. Keine Minute darf man seinen Gedanken nachhängen, und wenn es erst zwischen Eisspalten und -blöcken kreuz und quer geht, macht die dauernde Spannung der Aufmerksamkeit höchst müde.

28. Dez. Ein anstrengender Tag! Und trotzdem 24 Kilometer hinter uns! Meine Abteilung zog heute morgen sehr leicht und sauste 2 Stunden lang nur so vorwärts - der andern Abteilung aber wurde es recht sauer. Ich tauschte daher mit Leutnant Evans und fand den zweiten Schlitten bedeutend schwerer - das Gespann kam auch mit mir nicht so in Schwung wie mein eigenes, und sobald wir auf weichen Schnee gerieten, saßen wir alle Augenblicke fest. Die Schuld liegt am Schlitten; sein Gestell ist durch harte Stöße auf dem Eis und durch verkehrte Bepackung schief geworden. Damit muß nun die zweite Abteilung selbst fertig werden.

29. Dez. Die schlimmste Oberfläche, die wir je gehabt haben! Wenn das so weitergeht, ist keine Möglichkeit, die täglichen Märsche voll einzuhalten! Der zweite Schlitten hat zwar mit uns Schritt halten können, aber wir brachten es nur auf 22 Kilometer. Auf den Nordabhängen lag der Schnee in gewaltigen Haufen über Eistrümmern; da hindurchzukommen erforderte eine furchtbare Mühe. Der Wind springt aus Südost und Südsüdwest um, schwillt an und flaut wieder ab; wenn er nur wenigstens den Schnee wegfegen wollte!

30. Dez. Meine Geduld wurde heute auf eine harte Probe gestellt, und wir haben nur 20 Kilometer zurückgelegt! Der zweite Schlitten blieb wieder zurück und kam erst ¾ Stunde nach uns im Lager an. Morgen wollen wir nur einen halben Marsch machen, ein Depot errichten und die 3 Meter langen Schlitten zusammensetzen. Die zweite Abteilung wird matt; ich will sehen, wie sie mit dem kleineren Schlitten und der leichteren Last fertig wird.

Die Oberfläche ist hier viel schlechter als vorher. Das wäre kein Unglück - wenn nur die zweite Abteilung nicht abfiele! Und daß sie das tut, daran ist leider nicht mehr zu zweifeln!

Rückkehr der zweiten Abteilung

Sonntag, 31. Dez. 1911. Silvesterabend. Den ganzen Tag ging es aufwärts, und wir lagern jetzt in ungefähr 2780 Meter Höhe bei einer Temperatur von 23° unter 0, nachdem wir 13 Kilometer zurückgelegt haben. Die zweite Abteilung deponierte hier ihre Schneeschuhe und einiges Gepäck. Dies soll das »Drei-Grade-Depot« heißen; es enthält 8tägigen Proviant für beide Einheiten, im ganzen etwa 45 Kilo. Dann tranken wir einen tüchtigen Kessel voll Tee und nahmen die Schlitten auseinander. Das war schnell geschehen, aber das Zusammensetzen der 3 Meter langen Schlitten dauerte bis nach 10 Uhr abends. Deckoffizier Evans und Crean besorgten es; Evans ist ein geradezu unschätzbarer Kamerad! Einen Schlitten unter diesen Verhältnissen zusammenzusetzen, ist ein Kunststück, das gar nicht genug gerühmt werden kann. Leutnant Evans hat unterdes festgestellt, daß wir dem 87. Breitengrad, der heute abend unser Ziel sein sollte, ziemlich nahe sind; wir verlieren also einen halben Tag; ich hoffe aber, ihn wieder einzubringen. Zum erstenmal haben wir heute die inneren Zeltwände eingesetzt, wodurch der Raum viel gemütlicher ist. Nachdem die Schlitten fertig waren, tranken wir eine Extratasse Tee und sitzen jetzt zu 5 Personen im doppelten Zelt und in unsern Schlafsäcken so warm wie frischgeröstetes Brot, bei gerade so viel Beleuchtung, daß man schreiben oder arbeiten kann.

1. Jan. 1912. Heute, am Neujahrstag, weckte ich gegen ½ 8, und um ½ 10 zogen wir ab. Leutnant Evans ging mit seinen Kameraden zu Fuß voran; wir folgten auf Schneeschuhen. Dummerweise hatten wir unser Schuhzeug vorher nicht nachgesehen und brauchten nun eine gute halbe Stunde, um es in Ordnung zu bringen; Wilson mußte sich besonders damit quälen. Nach dem Frühstück ging es ebenso: wir hatten wieder Aufenthalt, Evans mußte das Zelt flicken und ich den Kochapparat ausbessern. Dann zogen wir den andern, die gemütlich marschierten, nach, und während der letzten Viertelstunde liefen wir nebeneinander her. Der Schlitten zog sich überraschend leicht, obgleich es von früh ab stets aufwärts ging. Um ½ 8 hatten wir 20 Kilometer zurückgelegt; die jetzige Höhe ist ungefähr 2925 Meter über der Barriere. Die Temperatur sinkt gleichmäßig, scheint aber mit dem Wind zu fallen.

Zur Feier des neuen Jahres gab es Tafeln Schokolade. Die zweite Abteilung war in etwas gedrückter Stimmung. Mir aber scheint heute die Ferne klar und licht: Lebensmittel haben wir reichlich - nur noch 315 Kilometer, und wir sind am Ziel!

3. Jan. Höhe 3100 Meter. Meine Abteilung kam heute auf Schneeschuhen gut vorwärts trotz schlechten Weges und starken Windes; die andern aber zogen langsam, und daher brachten wir nur wenig mehr als 22 Kilometer fertig. Nur noch 280 Kilometer vom Ziel! Und doch werden wir nicht alle hingelangen! Leutnant Evans, Lashly und Crean müssen umkehren; sie wissen schon davon, und es kommt ihnen schwer an. Bowers ist in unser Zelt übergesiedelt, und wir ziehen morgen nur zu 5 Mann weiter. Wir haben 5 ½ Lebensmitteleinheiten, mehr als eine Monatsration für jede Person; damit müssen wir auskommen. Wenn wir nur morgen mit der vollen Ladung gut marschieren können! ? Gelingt es - dann ist der Sieg unser!

4. Jan. Heute morgen kamen wir natürlich erst spät fort. Das Gepäck der beiden Abteilungen mußte getrennt und unser kleiner Schlitten neu beladen werden; er sieht geradezu zierlich aus, dank Deckoffizier Evans, obwohl unsere Habe darauf untergebracht ist. Ich war riesig gespannt, ob wir ihn auch würden bewegen können, und war glücklich, als er ganz leicht von der Stelle ging.

Die zweite Abteilung war für den Fall eines Mißgeschicks noch ein Stück mitgegangen, doch sobald die Bahn frei war, sagten wir ihr Lebewohl. Leutnant Evans konnte seine Enttäuschung nicht verbergen, aber er war mir nicht gram und hielt sich männlich. Der arme alte Crean weinte, und sogar Lashly war gerührt. Ich war sehr froh, daß ihnen ihr Schlitten federleicht vorkam, und zweifle daher nicht, daß sie den Rückweg schnell und glücklich überwinden werden.

Geradeswegs zum Pol

Donnerstag, 4. Jan. 1912. Nach dem Abschied von unsern Gefährten legten wir 5, die letzten Überbleibsel meiner Expedition, bis 7 Uhr abends einen Marsch von 23 Kilometer zurück, und ich sah mit großer Befriedigung, daß es uns nicht allzu schwer ward, die notwendige Durchschnittsgeschwindigkeit einzuhalten. Am Nachmittag gerieten wir leider auf sandartigen Schnee - ein saures Stück Arbeit!

5. Jan. Ein entsetzlich anstrengender Tag. Leichter Wind trieb losgerissene Wolken heran, und seiner Schnee fiel unaufhörlich. Dadurch wurde der Weg so schlecht wie nur denkbar! Um 7 Uhr abends hatten wir 23 Kilometer hinter uns, die anstrengendsten, die wir bisher auf dem Plateau erlebten. Immerhin: wir sind dicht vor dem 88. Breitengrad. Das Kochen für 5 Personen dauert übrigens ½ Stunde länger als das für 4. Hieran hatte ich bei der Neuordnung meiner Gesellschaft gar nicht gedacht. -

Wir brachten es heute in der Stunde nur auf wenig mehr als 2 Kilometer. Wie endlos lange dauert das, bis die Schatten langsam um uns herumkriechen, von unserer rechten Seite nach vorne rücken und dann von vorne wieder nach links hinüberschleichen! An wieviel tausend Dinge denkt man auf diesen eintönigen Märschen! Und was baut man für Luftschlösser in der Hoffnung, daß der Pol uns gehöre!

6. Jan. Gestern abend gerieten wir zwischen Schneefahnen - heute morgen wurden sie höher, und bald waren wir mitten in einem Meer von Eiswellen, die sich wie Angelhaken um unsere Füße legten; wir kennen sie nur zu gut! Nach den ersten 1 ½ Stunden schnallten wir unsere Schneeschuhe ab und zogen zu Fuß. Stellenweise ging es furchtbar mühsam. Am Nachmittag wurde es nicht besser, im Gegenteil! Als wir ungefähr eine Stunde marschiert waren, entdeckten wir, daß ein Schlafsack vom Schlitten gefallen war. Der Zwischenfall kostete uns mehr als eine Stunde. Wir brachten es daher heute nur auf 20 Kilometer, aber es war wohl die anstrengendste Zugarbeit, die wir je gehabt. Unsere Schneeschuhe wollen wir zurücklassen, weil sie uns hier voraussichtlich zerbrechen. In 2 Tagen wollen wir unsere Last erleichtern, indem wir noch ein Depot errichten; jedenfalls das letzte.

Sonntag, 7. Jan. Höhe 3220 Meter. Die Wechselfälle unseres Weges sind verblüffend! Gestern abend ließen wir unsere Schneeschuhe zurück. Heute morgen machten wir in 40 Minuten fast 2 Kilometer, und die Schneefahnen verschwanden allmählich! Wir kehrten also wieder um und holten die Schneeschuhe, die ich jetzt auf alle Fälle bei mir behalten will; dadurch gingen uns fast 1 ½ Stunden verloren. Als wir uns aber wieder in Marsch setzten, merkte ich zu meinem Schrecken, daß wir jetzt wieder auf Schneeschuhen den Schlitten kaum vorwärts bewegen konnten, weil sandartiger Schnee die Oberfläche bedeckte. Wir ließen aber nicht nach, und später machten wir auch bessere Fortschritte, doch es blieb eine grauenhaft schwere Arbeit, Und wenn wir auch am Nachmittag 9 Kilometer hinter uns brachten, so ändert das nichts an der Tatsache: das war heute der kürzeste Marsch bisher hier auf der Höhe! Solch aufreibende Märsche aber können wir unmöglich lange aushalten. Doch kann der Weg nicht so bleiben, und morgen deponieren wir Vorräte auf 8 Tage.

Auf Schneeschuhen ermüdet das Marschieren doch weniger. Bowers, der zu Fuß geht, hat es sehr schwer, aber ihn scheint nichts anzugreifen. Evans hat sich beim Zusammensetzen der Schlitten eine böse Schnittwunde an der Hand geholt; hoffentlich wird sie nicht schlimmer.

8. Jan. Wir konnten nicht weiter, denn wir hatten unsern ersten Orkan auf der Höhe. Evans' Hand wurde heute morgen verbunden; Ruhe wird ihr gut tun. Doch länger als einen Tag dürfen wir nicht still liegen, nicht nur wegen des Zeitverlustes, auch wegen der Lebensmittel und der langsamen Eisansammlung im Zelt und auf unsern Sachen. Wenn wir nur morgen aufbrechen können! -

9. Jan. Als wir aufstanden, stürmte es noch, aber nach dem zweiten Frühstück konnten wir weiterziehen, zwar bei schlechtem Licht, aber auf guter Oberfläche, Das Marschieren wird nachgerade schrecklich einförmig. Wir könnten noch ein Depot hinterlassen, aber es ist uns etwas sehr Verdrießliches widerfahren: Bowers' Uhr geht auf einmal 26 Minuten nach; sie mag infolge

der Kälte stehengeblieben sein. Das erschwert uns die Berechnung der Entfernungen und mahnt zur größten Vorsicht, besonders da der Orkan unsere Spur fast völlig verwischt!

10. Jan. Schrecklich mühsamer Marsch am Morgen! Wir beschlossen, nun doch auf 88° 29' noch ein letztes Depot, das Anderthalb-Grad-Depot, zu hinterlassen: Lebensmittel für 1 Woche und Kleidungsstücke. Mit letzteren sind wir jetzt so knapp ausgerüstet, daß wir nur noch eben bekleidet sind. Mit Lebensmitteln auf 8 Tage zogen wir weiter. Gestern noch hätte ich darauf geschworen, daß wir unser Ziel erreichen würden, aber heute spottete der Weg jeder Beschreibung. Immer nur sandartiger Schnee, und wenn die Sonne schien, war es trostlos Wenn das so weiter geht, halten wirs nicht aus! Bloß 20 Kilometer heute! Nur noch 157 Kilometer bis zum Pol! Aber der Rückweg wird auch nicht besser sein! -

11. Jan. Während der ersten Stunden heute konnten wir doch wenigstens den Schlitten vorwärtsbringen; dann aber trat die Sonne aus den Wolken, und nun war es einfach zum Verzweifeln. So etwas haben wir noch nicht erlebt! Der Schlitten schrammte und krachte beängstigend. Der Schnee wird weicher, je weiter wir kommen; die Schneefahnen sind manchmal hoch und unterhöhlt, aber nicht hart - keine Kruste wie auf der Barriere. - Noch 137 Kilometer bis zum Pol - aber können wir das noch ganze 7 Tage aushalten? 7 Tage? -

12. Jan. Wieder ein schwerer, schwerer Marsch: Am Nachmittag zogen Wolken mit leichtem, kaltem Wind von Westen herauf, und einige Minuten lang fühlten wir zu unserm Entzücken, daß uns der Schlitten von selber folgte. Ach, ein paar Minuten später war es trotz der Verfinsterung der Sonne schlechter als je. Ich hatte schon gefürchtet, daß unsere Kraft sich gefährlich verringert habe; aber diese wenigen Minuten bewiesen, daß uns nur eine gute Oberfläche fehlt, um wieder frisch und fröhlich wie früher ziehen zu können.

Als wir heute abend das Lager aufschlugen, fröstelte uns allen, obgleich die Temperatur höher war als gestern, 27 ½ Grad! Wie kommt es, daß wir plötzlich die Kälte so fühlen? Vielleicht - infolge unserer Erschöpfung?

13. Jan. 89° 9' südlicher Breite. Höhe 3130 Meter. Wieder ein Tag mit voller Kilometerzahl! Unmöglich ists nicht! - Nur noch 94 Kilometer vom Pol heute abend! Wenn wir nicht hingelangen, so kommen wir doch verteufelt nahe.

Sonntag, 14. Jan. Die Sonne stand den ganzen Tag hindurch undeutlich am bedeckten Himmel, und ein angenehmer Südwind wirbelte nur wenig Schnee auf. Infolgedessen war die Oberfläche etwas besser, und wir kamen in gleichmäßigem Schritt 22 Kilometer weiter. Aber das Einhalten der Richtung war schrecklich schwierig; oft sah ich überhaupt nichts mehr, und Bowers schob mich an der Schulter den richtigen Weg vorwärts. Wieder spürten wir empfindliche Kälte. Oates scheint mehr als wir andern unter Kälte und Anstrengung zu leiden, aber sonst sind wir alle wohl und munter. Nur noch 70 Kilometer! Kämen doch nur ein paar schöne Tage! Das Ziel liegt vor uns, zum Greifen nahe, und nur das Wetter versperrt uns den Weg!

15. Jan. Während der Nacht wurde die Luft vollständig klar, und die Sonne schien aus gänzlich wolkenlosem Himmel herab. Der leichte Wind hatte sich gelegt, und die Temperatur war auf 32° heruntergegangen. Das bedeutet schweres Ziehen! sagte ich mir, und ich hatte nur zu richtig geraten. Die Oberfläche war schrecklich, aber wir gewannen in 4 ¾ stündiger Arbeit 11 Kilometer. Doch waren wir alle ziemlich erschöpft, als wir das Lager aufschlugen, und hinterließen deshalb hier unser letztes Depot - nur Proviant auf 4 Tage und ein paar Kleinigkeiten. Nach dem zweiten Frühstück glitt der Schlitten erstaunlich leicht vorwärts - teils infolge des geringen Gewichtes, teils auch weil er richtig beladen war, hauptsächlich aber infolge unserer stärkenden Rast. Jedenfalls machten wir einen großartigen Nachmittagsmarsch von 11 ½ Kilometer.

Ein wunderbarer Gedanke, daß nur noch 2 Märsche uns an den Pol bringen werden. Nur noch lumpige 50 Kilometer. Wir müssen hinkommen, koste es was es wolle! Jetzt schreckt mich nur noch die eine furchtbare Möglichkeit, daß die norwegische Flagge vor der unsern dort flattern könnte!

Am Ziel - eine niederschmetternde Enttäuschung

Dienstag, 16. Jan. 1912. Das Furchtbare ist eingetreten - das Schlimmste, was uns widerfahren konnte! -

Wir machten am Vormittag 14 Kilometer. Am Nachmittag brachen wir in gehobener Stimmung auf, denn wir hatten das sichere Hochgefühl, morgen unser Ziel zu erreichen. Nach der zweiten Marschstunde entdeckten Bowers' scharfe Augen etwas, das er für ein Wegzeichen hielt. In wortloser Spannung hasteten wir weiter - uns alle hatte der gleiche furchtbare Verdacht durchzuckt, und mir klopfte das Herz zum Zerspringen. Eine weitere halbe Stunde verging - da erblickte Bowers vor uns einen schwarzen Fleck! Ein Schneegebilde war das nicht - konnte es nicht sein! Geradeswegs marschierten wir darauf los, und was fanden wir? Eine schwarze, an einem Schlittenständer befestigte Flagge! In der Nähe ein verlassener Lagerplatz - Schlittengleise und Schneeschuhspuren kommend und gehend - und die deutlich erkennbaren Eindrücke von Hundepfoten - vieler Hundepfoten - das sagte alles. Die Norweger sind uns zuvorgekommen - Amundsen ist der erste am Pol!

Eine furchtbare Enttäuschung! Aber nichts tut mir dabei so weh, als der Anblick meiner armen, treuen Gefährten! All die Mühsal, all die Entbehrungen, all die Qual - wofür? Für nichts als Träume - Träume über Tag, die jetzt zu Ende sind. -

An Ruhe war in dieser Nacht, nicht zu denken! Schon die Aufregung ließ uns nicht schlafen, die Aufregung über diese Entdeckung des schon entdeckten Pols! Alle Gedanken, die in uns aufstiegen, alle Worte, die fielen, alles endete mit dem einen Furchtbaren: Zu spät! Und als es dann still wurde im Zelt - da brüteten wir gewiß alle über der einen finstern Vorstellung: Mir graut vor dem Rückweg! -

17. Jan. Der Südpol. Unter wie andern Umständen hatten wir diesen Augenblick seit Monaten herbeigesehnt! Ein grauenhafter Tag liegt hinter uns - einmal die Enttäuschung, dann ein Wind, der bei 30° Kälte uns grade entgegenwehte. Wir brachen um 7 Uhr 30 auf, denn keiner hatte in dieser schauderhaften Nacht geschlafen, und folgten den Schlittengleisen der Norweger. Auf einer Strecke von 5 Kilometer kamen wir an 2 kleinen Wegmalen vorüber. Dann trübte sich plötzlich das Wetter, und da die Spuren zu weit westwärts führten, beschloß ich, meinen Berechnungen gemäß direkt nach dem Pol zu ziehen. Aber gegen Mittag hatte Evans so eiskalte Hände, daß wir das Lager aufschlagen mußten, um zu frühstücken. Dann zogen wir weiter und legten 12 Kilometer in südlicher Richtung zurück. Es ging etwas abwärts, wie mir scheint; aber vor uns geht es offenbar von neuem bergan. Sonst ist hier nichts zu sehen - nichts, was sich von der schauerlichen Eintönigkeit der letzten Tage unterschiede. Großer Gott! Und an diesen entsetzlichen Ort haben wir uns mühsam hergeschleppt und erhalten als Lohn nicht einmal das Bewußtsein, die ersten gewesen zu sein!

Doch - es ist immerhin etwas, so weit vorgedrungen zu sein, und der Wind mag sich morgen als unser Freund erweisen. Trotz Ingrimm und Kummer haben wir ein fettes Polarragout verspeist und fühlen uns innerlich ganz behaglich - als Extraspeise gab es eine Tafel Schokolade und den ungewohnten Genuß einer Zigarette, die Wilson bis hierher mitgebracht hatte. Jetzt handelt es sich nur um schleunigsten Rückmarsch! Es gilt einen verzweifelten Kampf!

18. Jan. Wir stellten fest, daß wir noch ungefähr 6 Kilometer vom Pol entfernt waren. Ziemlich genau in dieser Richtung erblickte Bowers ein Zelt. Dieses Zelt haben wir eben erreicht. Es ist 2 ¾ Kilometer vom Pol entfernt und enthielt einen kurzen Bericht über die Anwesenheit der Norweger, die schon am 16. Dezember 5 Mann hoch hier waren. Das Zelt ist hübsch - ein kleines, kräftiges Ding, das nur von einer einzigen Bambusstange gestützt wird. Ein Zettel Amundsens bittet mich, einen Brief an König Haakon von Norwegen zu befördern! Ich steckte ihn zu mir und hinterließ einen Zettel mit der Mitteilung, daß ich mit meinen Gefährten hier gewesen sei. Mittags waren wir nur 1 oder 1 ½ Kilometer vom Pol entfernt; daher nannten wir dieses Lager das Pollager, errichteten hier ein Wegzeichen, steckten unsere Flagge, den armen, zu spät gekommenen »Union Jack«, auf und photographierten uns - alles eine mächtig kalte Arbeit. Dann sahen wir nicht ganz 1 Kilometer südwärts eine abgenutzte Schlittenkufe aufrecht

im Schnee stecken; sie wurde als Stange für ein Wachstuchsegel benutzt; sie sollte jedenfalls die genaue Stelle des Pols bezeichnen, so gut wie die Norweger ihn bestimmen konnten. Ich glaube sagen zu können: der Südpol liegt ungefähr 2900 Meter hoch; merkwürdig genug, wenn man bedenkt, daß wir uns auf dem 88. Breitengrad etwa 3200 Meter hoch befunden haben. -

Wir aber haben jetzt dem treulosen Ziel unseres Ehrgeizes den Rücken gekehrt. Vor uns liegt eine Strecke von 1500 Kilometer mühsamer Wanderung - 1500 Kilometer trostlosen Schlittenziehens - 1500 Kilometer Entbehrung, Hunger und Kälte! Traum meiner Tage - leb wohl!

Rückkehr vom Pol

Freitag, 19. Jan. 1912. Rückmarsch. Gestern nachmittag 13 Kilometer, heute 34. Zu Anfang unseres heutigen Marsches stießen wir auf ein norwegisches Wegmal und unsere zum Pol führenden Gleise; sie brachten uns wieder an die verhängnisvolle schwarze Flagge, die uns zuerst vom Erfolg unserer Vorgänger unterrichtete. Wir haben sie herausgezogen, um die Stange für unser Segel zu benutzen. Dies ist einstweilen das letzte, was wir von den Norwegern gesehen haben. Die letzten Stunden am Nachmittag waren recht mühsam, trotz unserer leichten Last und des windgefüllten Segels. Das Wetter ist ganz sonderbar! Dicke Schneewolken, die uns das Tageslicht rauben, ziehen von Süden her über uns weg, und ohne Unterlaß rieseln seine Kristalle hernieder, die den Weg völlig verderben; zwischendurch macht die Sonne kurze Besuche, und der Wind dreht sich nach Südwest. Die Schneewehen scheinen wie Sanddünen von Ort zu Ort zu wandern. Unsere alte Spur ist fast ganz verweht, und schon haben sich gezähnte Schneefahnen über den alten Gleisen gebildet! Dabei sind sie nur 3 Tage alt, während die Spur der Norweger noch jetzt, nach einem Monat, sichtbar ist! Unerklärlich!

Mit dem Wind marschieren ist wärmer und angenehmer; und doch kommt es mir so vor, als ob wir jetzt bei jedem Stillstehen und im Lager die Kälte weit mehr fühlen, als auf dem Hinweg! Unsere Wegmale finden wir leicht wieder; aber so lange wir nicht das »Drei-Grade-Depot« erreicht haben (noch über 280 Kilometer), werde ich die quälende Unruhe nicht los sein.

20.Jan. Der Wind legt sich heute nachmittag gut ins Segel; aber später wurde die Oberfläche außergewöhnlich schlecht; der Treibschnee lag in großen Haufen und klebte fest an den Schneeschuhen. Das Ziehen wurde dadurch schauderhaft, aber wir hielten nicht an und schlugen unser Lager erst jenseits unseres Wegmals vom 14. auf. Ich fürchte, morgen wirds noch schlimmer! Glücklicherweise hält sich der Wind! Wenn nur endlich Bowers seine Schneeschuhe wieder hätte! Diese langen Märsche bei seinen kurzen Beinen! Das bringt nur so ein zäher Sportsmann wie er fertig. Oates scheint unter Kälte und Anstrengungen mehr zu leiden als wir andern. Gesamtresultat heute: 34 Kilometer. Es hängt jetzt alles davon ab, ob wir dies gute Marschtempo beibehalten können; ich glaube, ja - und dann werden wir unser Schiff schon noch erreichen.

Sonntag, 21. Jan. Wir erwachten bei starkem Orkan; die Luft war schneedick und die Sonne trübe. Um nicht die Spur zu verlieren, blieben wir liegen, gefaßt auf wenigstens einen Tag Aufenthalt. Aber über Mittag klärte es sich plötzlich auf, und der Wind flaute zu leichter Brise ab. Dennoch konnten wir erst um 3 Uhr 45 aufbrechen, denn unsere Sachen waren steifgefroren, und trotz der Hilfe des Windes schleppten wir uns in 4 Stunden nur 10 Kilometer vorwärts. Spalten sehen wir ziemlich deutlich, aber unsere Wegmale erst, wenn wir etwa 1 Kilometer davor sind. 83 Kilometer bis zum Anderthalb-Grade-Depot mit Proviant auf 6 Tage - dort finden wir Lebensmittel auf 7 Tage für die 167 Kilometer zum »Drei-Grade-Depot«. Sind wir einmal dort, dann ist alle Angst vorüber.

22. Jan. Wir machten uns genau um 8 Uhr auf den Weg und sind reichlich 9 Stunden marschiert, haben auch 27 Kilometer zurückgelegt - aber bei Gott! es war eine Schinderei! Und als gar während der letzten Nachmittagsstunden die Sonne durchdrang, wurde der Schnee fast augenblicklich weich und klebrig.

23. Jan. Beim Aufbrechen wenig Wind und mühsamer Marsch. Dann aber 16 Kilometer bei orkanartigem Sturm. Unsere alten Spuren sind auffallend deutlich - ein großes Glück! Nachmittags konnten wir ein ganzes Segel aufsetzen. Bowers blieb am Schlitten, während sich Evans und Oates mit längeren Leinen vorspannten. So kamen wir sehr geschwind vorwärts und hätten bis zum nächsten Depot für morgen nur noch einen bequemen Marsch gehabt - da sah Wilson plötzlich, daß Evans' Nase erfroren war - sie war weiß und hart. Deshalb mußten wir um 6 Uhr 45 haltmachen. Evans' Finger sind voll böser Frostbeulen. Er ärgert sich über sich selbst - kein gutes Zeichen. Wenn wir nur erst die Höhe hinter uns hätten! Noch 25 Kilometer bis zum »Anderthalb-Grade-Depot« - wir müßten es morgen erreichen.

24. Jan. Unsere Lage wird ernst. Ein Orkan zwang uns am Mittag, in unsere Schlafsäcke zu kriechen. Beim Aufschlagen des Zeltes erstarrten uns die Finger zu Eis! Nur noch 12 ½ Kilo-

meter bis zum Depot, und ich war gestern fest überzeugt, daß wir es heute abend erreichen würden! Das ist der zweite regelrechte Orkan, seit wir den Pol verließen. Kommt ein Wettersturz? Dann möge uns Gott helfen, denn der Zug über die Höhe ist fürchterlich, und unsere Lebensmittel sind knapp.

25.Jan. Gott sei Dank! Wir haben das »Anderthalb-Grade-Depot« gefunden! Da wir gestern nachmittag und die ganze Nacht in unsern Schlafsäcken lagen, frühstückten wir erst später, um uns ohne zweite Mahlzeit behelfen zu können. Aber nachher trat die Sonne hervor, und wir konnten die alten Gleise unterscheiden. Ausgraben des Schlittens und Abbrechen des Lagers war eine langwierige, schrecklich kalte Arbeit. Wir machten uns diesmal ohne Segel und alle Mann vorgespannt auf den Weg. Um 2 Uhr 30 sahen wir zu unserer Freude die rote Depotfahne! Mit Vorrat auf 9 ½ Tage zogen wir weiter, und um 8 Uhr abends hatten wir über 22 Kilometer zurückgelegt. Bis zum nächsten Depot nur noch 165 Kilometer - aber es wird hohe Zeit, daß wir von diesem Plateau herunterkommen! Es steht nicht gut um uns: Oates' kalte Füße - Evans' Finger und Nase - und heute Abend hat Wilson qualvolle Augenschmerzen.

26.Jan. Wir brachen erst um 8 Uhr 50 auf, obgleich ich ziemlich früh geweckt hatte; solche Verzögerungen dürfen nicht wieder vorkommen! Bei kräftigem Wind, aber viel Treibschnee kamen wir gut bis an unser altes Orkanlager vom 7. Aber von da ab war die Spur völlig verwischt, und da jetzt 2 Wegmale mit 7 Kilometer Zwischenraum kommen mußten, waren wir ziemlich unruhig. Endlich entdeckten wir das eine zu unserer Rechten, während Bowers mit seinen scharfen Augen bald auch einen Schimmer des zweiten weiter links gewahrte. Beim zweiten Wegmal fanden wir auf den harten Schneefahnen wieder unsere alte Spur.

27. Jan. Wilson und ich zogen als Vorspann auf Schneeschuhen, die übrigen zu Fuß. Es war eine verzwickte Geschichte, denn unsere Spur war nur sehr schwach zu erkennen - 1 oder 2 Fuß aufgeworfene Schlittengleise, etliche Meter der eingedrückten Spur des Rades, das die Schlittengeschwindigkeit registriert, oder einige beiseite geschobene harte Schneeschollen waren alles, woran wir uns zu halten hatten. Auf dem Hinweg mußten wir stets darauf achten, den größten Erhebungen auszuweichen - das rächt sich nun, denn der Kurs geht sehr im Zickzack. Das ewige Anhalten, um uns abzuschirren und die Spur zu suchen, hat uns ein paar Kilometer gekostet. Unser Proviant reicht noch auf eine gute Woche. Aber wirklich ausgiebige Kost winkt uns erst am Ponyfutterdepot. Noch ein weiter Weg - und bei Gott! eine fürchterliche Anstrengung!

Sonntag, 28. Jan. Hier herum war auf dem Hinweg dreierlei verloren gegangen! Oates' Pfeife, Bowers' Fellhandschuhe und Evans' Nachtstiefel. Stiefel und Fausthandschuhe lasen wir auf dem Wege auf, und heute abend fand sich auch die Pfeife, die unweit unseres Zeltes ganz friedlich und frei im Schnee lag. Hätten wir nur erst die nächsten Depotvorräte glücklich auf dem Schlitten! Wir werden immer hungriger und sind schon recht abgemagert, besonders Evans, aber verbraucht fühlt sich noch keiner. Essen und Trinken sind jetzt die Hauptgegenstände unserer Unterhaltung.

29. Jan. Großartiger, 36 Kilometer weiter Marsch, davon 19 am Vormittag! Dank dem hilfreichen Wind und den klaren Spuren! Kurz vor Mitternacht stießen wir auf die Spur der zuletzt zurückgekehrten Hilfsabteilung; von jetzt an werden also 3 Schlittenfährten uns begleiten. Nur noch 44 Kilometer zum »Drei-Grade-Depot« - 1 ½ leichte Tagemärsche! Wenn morgen ein schöner Tag ist, kann es keine Anstrengung mehr kosten.

30. Jan. Gott sei Dank, wieder ein guter Maisch - 35 Kilometer! Das letzte Wegmal vor dem Depot liegt hinter uns, die Spur bleibt deutlich, das Wetter gut, der Wind hilfreich, es geht bergab - ein bißchen Glück noch, und wir haben morgen vormittag unser Depot erreicht! Wenn nur nicht die Kehrseite der Medaille so ernst wäre! Wilsons eines Bein ist geschwollen infolge der Überanstrengung; es schmerzte den ganzen Tag, und Evans hat heute an zwei Fingern die Nägel verloren: seine Hände sehen furchtbar aus, und Mutlosigkeit hat ihn gepackt; er, der heiterste von uns allen, war schon seit dem 23. Januar nicht mehr recht bei Stimmung. Mit kranken Fingern könnten wir schon weiter, aber wenn Wilsons Bein nicht besser wird, steht es schlimm.

31. Jan. Wir erreichten beizeiten das »Drei-Grade-Depot«, luden seinen Inhalt auf und rasteten eine Stunde später. Nachmittags wurde die Oberfläche schrecklich, und der Wind flaute bis auf ein südliches Lüftchen ab. Daß das gerade jetzt, wo wir nur 4 zum Ziehen sind, passieren muß! Wilson hat sein Bein nach Möglichkeit geschont, indem er ruhig neben dem Schlitten herging, und fühlt sich heute abend besser. Aber - ein krankes Glied in der Gesellschaft ist für die andern eine harte Geduldsprobe! - Heute abend nahmen wir Bowers' Schneeschuhe mit, die wir am 31. Dezember zurückgelassen - Gott sei Dank, das letzte, was wir auf der Höhe zu finden haben! Jetzt führt unser Weg direkt nordwärts, und der Wind kann gar nicht stark genug blasen.

Glücklich am Rande des Polplateaus

Donnerstag, 1. Febr. 1912. Eine schwere Plackerei heute: sehr schlechte Oberfläche - sandartige Schneewehen - mühsames Ziehen! Wir quälten uns bis nach 8 Uhr abends und erreichten eben das Wegmal vom 29. Dezember. Wir essen 1/7 mehr, was einen kolossalen Unterschied ausmacht, und haben doch Proviant genug auf 8 Tage. Wilsons Bein ist viel besser, aber Evans' Finger sind sehr schlimm; noch zwei Nägel gingen ab, und die Beulen brechen auf.

2. Febr. Heute kam uns auf einem steilen Abhang der Schlitten auf die Fersen und stieß uns einen nach dem andern in den Schnee. Wir schnallten die Schneeschuhe ab und taumelten zu Fuß so schnell vorwärts, daß wir um ½ 2 Uhr 17 Kilometer hinter uns hatten. Von Mittag ab begleitete uns eine seltsame Erscheinung: Unsere alten Spuren waren verschneit, aber der darin zusammengewehte Schnee bildete einen erhöhten Fußweg, an dem wir entlangzogen. Am Nachmittag kamen wir an den Abhang, auf dem wir am 28. Dezember mit den Schlitten getauscht hatten. Alles ging gut, bis ich bei dem Bemühen, mich auf dem glatten Boden zu halten, einen bösen »Kopfsprung« machte und schwer mit der Schulter aufschlug. Nun beherbergt unser Zelt unter 5 Mann 3 Patienten! Dabei stehen uns die schlimmsten Stellen unseres Weges noch bevor! Und Evans' Finger - - - ! 31 Kilometer heute - die reichlichere Nahrung hilft entschieden, aber wir sind trotzdem recht hungrig.

3.Febr. Ich lief heute wieder auf Schneeschuhen, um nochmaligem Fallen zu entgehen. Rechts erblickten wir ein Wegmal, verloren aber beständig die Spur und sind heute abend wahrscheinlich in der Nähe unseres Lagers vom 26. Dezember. So geht es nicht weiter; das Suchen nach Gleisen und Wegmalen raubt uns kostbare Stunden; wir wollen daher von jetzt an geradeswegs nordwärts ziehen. - Evans geht es mit seinen Fingern verhältnismäßig nicht schlecht, aber wann wird er wieder tüchtig mit zugreifen können? Wilsons Bein ist viel besser und meine Schulter ebenfalls, obwohl ich oft schauderhafte Stiche darin fühle.

4. Febr. Wir zogen zu Fuß auf guter, fester Oberfläche und legten 18 Kilometer zurück. Gerade vor dem zweiten Frühstück fielen Evans und ich ganz unerwartet gleichzeitig in eine Spalte - Evans schon das zweitemal; darum ließ ich das Lager aufschlagen. Nachher ging es über eine harte, glänzende Oberfläche etwa 100 Meter abwärts, und wir machten im ganzen 33 Kilometer. Wären wir nur von diesem verwünschten Plateau herunter! Die Temperatur ist um 11° niedriger als auf der Hinreise; unsere Gesundheit bessert sich auch nicht, besonders kann Evans sich gar nicht erholen; nach dem heutigen Sturz wurde er plötzlich völlig stumpf und leistungsunfähig! Was soll daraus werden?!

5.Febr. Ein guter Vormittag mit 19 Kilometer! Aber nachmittags verlegten uns riesige Eisrücken und große, teilweise offene Spalten den Weg, so daß unsere Marschrichtung sehr unregelmäßig wurde. Ohne meine Schneeschuhe wäre es kaum gegangen! Unser heutiges Lager steht in einer wahren Eiswüste, aber der Wind ist hier milder, und es ist zum erstenmal seit Wochen wieder behaglich im Zelt. Mehr als 55 Kilometer können wir nicht vom obern Gletscherdepot entfernt sein, aber wie wir durch die sich jetzt auftürmenden Hindernisse durchkommen, weiß der Himmel! Unsere Gesichter sind vom Wind wie zerfetzt, meines noch am wenigsten. Evans' Nase ist fast ebenso schlimm wie seine Finger - er ist sehr abgefallen, der Ärmste!

6. Febr. Ein schrecklicher Tag! Schon am Morgen war der Himmel bedeckt - eine furchtbare Gefahr, wenn man rings von Spalten umschlossen ist. Glücklicherweise klärte es sich noch auf, und wir zogen gerade auf den Darwinberg los, aber nach einer halben Stunde standen wir zwischen riesigen, offenen Schlünden, die zwar nicht sehr tief, aber auch nicht überbrückt waren. Wir gingen zwischen zweien nordwärts, aber zu unserm größten Verdruß liefen sie in ein Chaos unpassierbarer Eistrümmer zusammen. Es blieb uns nichts übrig: wir mußten 2 Kilometer weit zurück! Dann wandten wir uns nach Westen und kamen auf ein wildes Meer von Schneefahnen, wo das Ziehen furchtbar anstrengte; wir setzten das Segel auf; Evans' Nase litt sehr, Wilson fror, und alles war scheußlich. Zu Ende des Marsches hatten wir wenigstens die Gewißheit, daß wir gerade auf unser nächstes Depot lossteuerten. Die Lebensmittel sind knapp, das Wetter

unsicher - die Stunden am Tage mehren sich, wo die quälende Sorge nicht weichen will! Evans'
Wunden eitern, und manche Anzeichen verraten, daß seine Kraft zu Ende ist.

7. Febr. Oberes Gletscherdepot. Ein greulicher Tag, aber mit glücklichem Ende! Am Morgen
panischer Schrecken durch die Gewißheit, daß eine ganze Tagesration zu wenig Schiffszwieback
vorhanden ist. Bowers regte sich schrecklich darüber auf.

Eine angenehme Botschaft erwartete mich hier im Depot: ein Zettel von Leutnant Evans mit
der Meldung, daß die zweite heimreisende Abteilung am 14. Januar wohlbehalten hier vorüber-
gezogen sei - sie haben also von einem zum andern Depot einen halben Tag mehr gebraucht
als wir.

Wohlan! Unsere 7 wöchige Eislagerreise haben wir hinter uns und sind größtenteils gesund
geblieben - noch eine Woche mehr hätte für unsern Evans schlimm werden können, denn es
geht beständig mit ihm abwärts. Wird sich das Glück auch weiterhin nicht ganz von uns ab-
wenden?

Der Tod im Lager

Donnerstag, 8. Febr. 1912. Wir zogen ziemlich spät vom obern Gletscherdepot fort, denn wir mußten Schiffszwieback und anderes abwiegen. Der Morgen war greulich; der Wind wehte heftig und kalt. Gleichviel gingen wir bis zum Darwinberg, um das Gestein zu untersuchen. Dann sausten wir ziemlich schnell bergab, Bowers und ich als Führer in Schneeschuhen, Oates und Wilson zu Fuß neben dem Schlitten, und Evans wie er eben fortkommen konnte. Um 2 Uhr frühstückten wir weiter abwärts nach dem Mount Buckley zu.

Nachmittags steuerten wir nach der Moräne unterhalb des Mount Buckley hin und mußten mit Hilfe der Steigeisen über einige schroffe Abhänge mit großen Spalten hinwegklettern und nach der Bergseite hinunterrutschen. Diese Moräne war so interessant, daß ich beschloß, den Rest des Tages zu geologischen Untersuchungen zu benutzen. Welche Freude, wieder den Fuß auf eisfreies Gestein zu setzen, nachdem man 7 Wochen lang nichts anderes als Eis und Schnee gesehen hat!

9. Febr. Wir zogen bis an das Ende des Mount Buckley längs des Moränenrandes, ungefähr 24 Kilometer. Aber heute fühlen wir uns alle sehr, sehr schlaff. Wir hätten eigentlich nach dem Gletscher im Norden des Buckleyberges hinziehen müssen, aber in dem schlechten Licht sah uns der Abstieg gar zu schroff aus. Schließlich gerieten wir zwischen böse Eistrümmer und mußten über einen Eisfall hinunter. Die Spalten waren viel bedeutender, als wir erwartet hatten, und der Abstieg machte uns einige Mühe, aber dann stießen wir auf unser Nachtlager vom 20. Dezember.

10. Febr. War das ein herrlicher Schlaf diese Nacht! Unsere Gesichter hatten heute früh einen ganz andern Ausdruck! Leider kamen wir infolge unserer Schläfrigkeit nicht vor 10 Uhr fort. Trotzdem wir zu weit ostwärts gingen und in schwieriges Eis gerieten, machten wir doch einen guten Morgenmarsch. Nachher begann das Land sich zu verdunkeln. Wir hielten noch 2 ½ Stunden mit großer Mühe Kurs, dann aber verschwand die Sonne, und Nordwind trieb uns Schnee ins Gesicht; da es sehr warm und Richtung zu halten unmöglich war, bauten wir unser Zelt auf.

Wir haben noch 2 volle Tagesrationen, wissen aber nicht, wo wir sind - bis zum mittleren Gletscherdepot können es gewiß nicht mehr 2 Tage sein. Wenn sich jedoch das Wetter morgen nicht aufklärt, müssen wir entweder blind darauflos marschieren oder unsere Mahlzeiten einschränken. Doch erst schlafen - schlafen! Wir haben an Schlaf noch viel nachzuholen!

Sonntag, 11. Febr. Der furchtbarste Tag, den wir auf der ganzen Reise erlebten. Und hauptsächlich durch eigene Schuld! Wir zogen auf scheußlicher Oberfläche mit leichtem Südwestwind, aufgesetztem Segel und Schneeschuhen ab - bei trostloser Beleuchtung, die alles verzerrt erscheinen ließ. Plötzlich sahen wir uns zwischen Eistrümmern und faßten den verhängnisvollen Entschluß, ostwärts zu gehen. 6 Stunden marschierten wir in der Hoffnung, eine stattliche Entfernung zurückzulegen, was wir auch jedenfalls getan haben, aber die beiden letzten Stunden führten uns in eine regelrechte Falle. Da wir schließlich doch noch auf gute Oberfläche kamen, dachten wir, es werde so bleiben, und schränkten unser zweites Frühstück nicht ein. Eine halbe Stunde später staken wir in dem größten Eistrümmergebiet, das mir je vorgekommen ist. 3 Stunden lang suchten wir auf Schneeschuhen vergebens einen Ausweg und glaubten schließlich, einen Weg gefunden zu haben. Aber das Eis wurde immer härter, unwegsamer und rissiger, und wir gaben schon alle Hoffnung auf, je aus diesem Eislabyrinth hinauszukommen. Die Schneeschuhe mußten wir ablegen, wir konnten uns kaum mehr auf den Füßen halten; alle Augenblicke fiel einer von uns in eine Spalte hinein. Zuletzt erblickten wir nach dem Lande zu eine glattere Fläche - also dorthin! Wenn es auch noch so weit ist! Das Trümmerfeld veränderte jetzt seinen Charakter; statt der zerfetzten Oberfläche umgaben uns riesige Schlünde, kaum noch zu überschreiten. Aber eine andere Rettung gab es nicht - also vorwärts! Die Verzweiflung lieh uns Mut und Kraft, und um 10 Uhr abends waren wir in Sicherheit.

Ich schreibe dies nach zwölfstündigem, furchtbarem Marsch. Ich glaube, daß wir jetzt auf dem richtigen Wege sind, oder doch ungefähr; aber das Depot ist noch viele Kilometer entfernt! Wir haben deshalb heute abend unsere Ration verringert. Morgen müssen wir etwas für übermorgen aufsparen, wenn wir nicht sehr große Fortschritte machen. Die heutige Probe zeigte uns, was wir immer noch aushalten können. Wenn nur der Wind morgen so bleibt! - Eine kurze Nacht nur! So früh wie möglich müssen wir fort!

12. Febr. Unsere Lage ist bedenklich! Am Morgen ging alles gut, und gegen Mittag erheiterte uns der Anblick unseres Nachtlagers vom 18. Dezember: wir waren also auf dem richtigen Weg und nur noch einen Tag vom Depot entfernt. In fröhlichster Zuversicht zogen wir weiter. Aber ein verhängnisvoller Zufall brachte uns zu weit nach links bergauf, in ein greuliches Gewirr großer Spalten und langer Risse. Von nun an machten geteilte Ansichten unsere Marschrichtung unsicher, und schließlich strandeten wir um 9 Uhr abends an der allerschlimmsten Stelle. Da sitzen wir nun nach kärglichem Abendbrot mit nur noch einer Mahlzeit im Proviantsack! Die Lage des Depots ist uns völlig unklar! Einstweilen betäuben wir uns durch krampfhafte Lustigkeit.

13. Febr. Trotz unserer Sorgen schliefen wir die Nacht über gut; selbst ich, obgleich mich die Unruhe oft aus dem Zelt trieb und ich daher wußte, daß sich der Himmel immer mehr bewölkte und es schließlich zu schneien begann. Erst um ½ 9 Uhr trat das Land beim Wolkenmacher undeutlich hervor. Um 9 tranken wir Tee, aber nur mit Schiffszwieback, um den Rest des Pemmikans noch zu einem dürftigen Mahl für den Notfall aufzusparen. Dann hasteten wir weiter durch das furchtbare Gewirr von zertrümmertem Eis und stießen nach einer Stunde auf die schmutzigbraunen Reste einer alten Moräne; von hier an wurde die Oberfläche besser. Der Nebel hing noch überall. Ein Ruf von Evans weckte unsere Lebensgeister: er glaubte das Depot zu sehen, aber es war nur ein Schatten auf dem Eis! Dann aber entdeckte Wilson die wirkliche Depotfahne!

Der gestrige Tag brachte uns die schlimmste Erfahrung der ganzen Reise, und uns alle hatte ein schauerliches Gefühl der Unsicherheit gepackt. Jetzt sind wir wieder obenauf. Aber wir müssen künftig mit den Vorräten so haushalten, daß wir nicht wieder in solche Notlage geraten, auch wenn das Wetter uns aufhalten sollte. - Bowers hat einen schweren Anfall von Schneeblindheit gehabt, Wilson auch! Evans ist zu schwach, um bei der Lagerarbeit zu helfen.

14. Febr. Eine furchtbare Tatsache, aber unleugbar: wir können nicht mehr gut marschieren. Wahrscheinlich keiner von uns! Wilsons Bein schmerzt noch, und er wagt sich nicht mehr auf die Schneeschuhe. Am schlimmsten steht es mit Evans. Heute morgen entdeckte er plötzlich eine riesige Beule an seinem Fuß, und auf dem Marsch mußten wir ihm die Steigeisen immer wieder zurechtschieben - lange kostbare Minuten, die wir nicht wieder einbringen können! Er ist hungrig, und Wilson auch. Aber wir dürfen es nicht wagen, mehr Lebensmittel zu verbrauchen, und ich, gegenwärtig Koch, bringe immer etwas weniger als die ganze Ration auf den Tisch. Wir sind schlaff und langsam bei der Lagerarbeit - das gibt neue Verzögerungen! Ich habe heute abend den andern eindringlich zugesprochen - hoffentlich wird es nun besser damit. Das untere Gletscherdepot ist noch 55 Kilometer entfernt; und unsere Lebensmittel reichen etwa 3 Tage.

15. Febr. Ein schwerer Marsch von 26 Kilometer heute, aber wir wissen nicht genau, wie weit es noch bis zum nächsten Depot ist. Heute nachmittag war das Land lange Zeit unsichtbar. Wir haben die Mahlzeiten verringert, die Schlafenszeit gekürzt und fühlen uns ziemlich kraftlos. In spätestens 2 Tagen werden wir das Depot erreichen, hoffe ich bestimmt - wir haben nichts anderes mehr im Sinn - wir können keinen andern Gedanken mehr fassen.

16. Febr. Wir sind in entsetzlicher Aufregung: Evans scheint geistesgestört! Der sonst so selbstbewußte Mann ist ganz verändert; heute ließ er zweimal unter lächerlichen Vorwänden haltmachen! Wir leben von knappsten Rationen, und bis morgen abend müssen unsere Lebensmittel reichen! Mehr als 18 oder 22 Kilometer können es nicht mehr bis zum Depot sein. Aber das Wetter ist uns in jeder Weise feindlich. Nach dem zweiten Frühstück waren wir wie in Schneelaken eingehüllt, das Land war nur noch eben undeutlich in der Ferne sichtbar. Ereignisse wie die heutigen werden wir zeitlebens nicht vergessen! Vielleicht wird alles noch gut,

wenn wir unser Depot morgen ziemlich früh erreichen! Aber mit dem kranken Mann unter uns - ? - Die Minuten zum Schlaf sind uns abgezählt - ich kann nicht mehr schreiben.

17. Febr. Ein grauenvoller Tag! Evans sah, nachdem er gut geschlafen hatte, ein wenig wohler aus und versicherte wie immer, daß es ihm sehr gut gehe. Er marschierte, vor den Schlitten gespannt, mit uns ab, verlor aber nach einer halben Stunde den Halt auf den Schneeschuhen und mußte abgeschirrt werden. Die Oberfläche war scheußlich, der kürzlich gefallene weiche Schnee blieb in großen Klumpen an Schuhen und Schlittenkufen hängen, der Himmel war bedeckt und das Land verschwommen. Nach etwa einer Stunde machten wir halt, und Evans holte uns ein, aber sehr, sehr langsam. Nach einer halben Stunde blieb er wieder zurück und bat Bowers noch, ihm ein Ende Bindfaden zu leihen. Ich riet ihm, uns möglichst schnell nachzukommen, und er versprach es in einem, wie mir schien, heitern Tone. Als wir dem Monumentfelsen gegenüber waren, sahen wir Evans noch sehr weit zurück; ich ließ deshalb das Lager aufschlagen.

Anfangs waren wir gar nicht unruhig, kochten Tee und setzten uns zum Essen. Als sich dann aber Evans immer noch nicht einstellte, packte uns die Aufregung, und wir liefen alle vier auf Schneeschuhen zu ihm bin. Ich langte zuerst bei ihm an und war entsetzt über sein Aussehen: mit aufgerissenem Anzug lag er auf den Knien, die Hände nackt und erfroren, und in seinen Augen war ein wilder Blick! Als ich ihn fragte, was ihm fehle, antwortete er in schleppendem Ton, er wisse nicht, was ihm sei, aber er habe wohl einen Ohnmachtsanfall gehabt. Wir richteten ihn auf, aber nach 2 oder 3 Schritten sank er wieder auf den Schnee und zeigte alle Symptome vollständigen Zusammenbruchs. Wilson, Bowers und ich liefen zurück, um den Schlitten zu holen, während Oates bei ihm blieb. Als wir zurückkehrten, war er ohne Bewußtsein, und als wir ihn ins Zelt gebracht hatten, schien er vollkommen schlafsüchtig.

Er erwachte nicht wieder: Um ½ 1 Uhr in der Nacht ist er gestorben. Furchtbar, einen Kameraden so verlieren zu müssen! Aber bei ruhigem Nachdenken mußten wir uns sagen: immer noch ein Glück, daß die entsetzlichen Aufregungen der letzten Woche so endeten. Mit einem Schwerkranken reisen zu müssen hätte für uns alle den Tod bedeutet. -

Nach 1 Uhr nachts packten wir zusammen, zogen über die Preßeisrücken abwärts und fanden das untere Gletscherdepot ohne Mühe.

Die letzten Märsche

Sonntag, 18. Febr. 1912. Nach der entsetzlichen Nacht gönnten wir uns beim untern Gletscherdepot 5 Stunden Schlaf und kamen heute gegen 3 Uhr im Schlachthauslager an. Der reichliche Pferdefleischvorrat hier bot uns ein gutes Abendessen; von jetzt an brauchen wir nicht mehr so sparsam zu sein - vorausgesetzt, daß wir dauernd gute Märsche machen. Mit der reichlicheren Nahrung kehrte auch fast augenblicklich neues Leben in uns zurück; aber die Oberfläche der Barriere macht mir Sorge.

19. Febr. Es war schon über Mittag, als wir uns heute in Bewegung setzten; wir mußten den Schlitten umtauschen, den neuen, den wir im Depot gefunden, mit einem Mast usw. versehen, dazu Pferdefleisch und allerlei persönliche Habe einpacken. Die Oberfläche war so schlecht, wie ich gefürchtet hatte: weicher, sandiger Schnee, auf den die Sonne hell brannte. Nach kurzer Zeit stießen wir auf unsere alte Spur.

Aber mehr als 9 Kilometer brachten wir nicht fertig! Es war ein Ziehen wie über Wüstensand - nicht ein bißchen Gleiten. Wenn das nur nicht so weitergeht! Im übrigen haben sich unsere Verhältnisse gebessert. Unsere Schlafsäcke fangen schon an, in der Sonne zu trocknen, vor allem aber: wir haben wieder unsere vollen Rationen. Heute abend gab es eine Art Schmorbraten von Pemmikan und Pferdefleisch, das uns als das beste warme Essen auf der ganzen Schlittenreise erschien.

20. Febr. Dieselbe entsetzliche Oberfläche; 4 Stunden mühsamen Trabens während des ganzen Morgens brachten uns nach unserm Trübsallager, wo wir auf dem Hinweg den 4tägigen Aufenthalt hatten. Wir sahen uns nach mehr Ponyfleisch um, fanden aber nichts! Die Gesamtkilometerzahl des Tages ist 13, und wir haben wieder ein Wegmal hinter uns - aber es geht schrecklich langsam! Wir sind nicht mehr so leistungsfähig wie früher, und die Jahreszeit schreitet immer weiter fort.

21. Febr. Es war finster und bewölkt, als wir uns auf den Weg machten, aber sehr viel wärmer. Schreckliche Plackerei den ganzen Tag, und zeitweise verfielen wir in trübe Gedanken. Es waren Trostblicke, wenn wir auf alte Fährten und Wegmale stießen.

Hier ist nun eine kritische Stelle mit weitem Abstand zwischen den Wegmalen! Wenn wir uns auf ihr zurechtfinden, kommen wir wieder auf die regelrecht bezeichnete Straße und werden mit einem bißchen Glück auch auf ihr bleiben; aber alles hängt vom Wetter ab. Noch auf keinem Marsch haben wir 16 Kilometer mit größerer Schwierigkeit zurückgelegt als heute! So darf es nicht weitergehen!

22. Febr. Es ist eine verwünscht unglückliche Zeit, in der wir heimwärts ziehen! Der nahende Winter kann unsern Rückmarsch noch ernstlich gefährden! Heute früh wehte ein frischer Südost den Schnee vor sich her, und wir verloren sofort die schwache Spur. Ein Wegmal wollte sich auch nicht zeigen. Nachmittags änderte Bowers die Marschrichtung, weil wir zu weit nach Westen geraten seien. Die Karte zeigt, daß wir viel zu weit östlich sind! Bei klarem Wetter wäre der Fehler schnell bemerkt worden. Kann sich dasselbe Versehen nicht jeden Tag wiederholen? Eine düstere Lage!

23. Febr. Wir brachen bei Sonnenschein auf, der Wind hatte sich fast gelegt. Glücklicherweise entdeckte plötzlich Bowers mit seinen wunderbar scharfen Augen ein altes Wegmal. Am Nachmittag fanden wir ein zweites, gingen darüber hinaus und schlugen das Lager nur 4 ½ Kilometer vor dem Depot auf. Wir können es zwar noch nicht sehen, aber - gutes Wetter vorausgesetzt - es auch nicht mehr verfehlen. Daher fühlen wir uns alle ungeheuer erleichtert. Wir legten in 7 Stunden 15 Kilometer zurück, könnten also auf dieser Oberfläche 18 bis 22 marschieren. Die Aussichten sind wieder heller: von hier bis nach Hause wird keine Lücke mehr zwischen den Wegmalen sein.

24. Febr. Wunderschöner Tag - zu schön - eine Stunde nach dem Abmarsch verdarb loser Schnee die Oberfläche gänzlich! Wir erreichten das Depot am Vormittag und fanden die Vorräte in guter Ordnung, nur zu wenig Öl - wir werden sehr sparsam mit dem Brennstoff umgehen

müssen. Im übrigen haben, wir heute abend Proviant auf 10 Tage für weniger als 130 Kilometer bis zum nächsten Depot. Alle Besorgnis darf also schwinden. Der arme Wilson hat einen fürchterlichen Anfall von Schneeblindheit. Wenn wir nur mehr Öl hätten!

Abends. Bin wieder ein wenig mutlos. Das war heute nachmittag eine wirklich greuliche Oberfläche, und wir legten nur 7 ½ Kilometer auf unserer Spur zurück. Wir können dies anstrengende Ziehen unmöglich fortsetzen! Das schnelle Zuendegehen dieses Sommers ist ein böses Omen! Es wird ein Wettrennen zwischen Jahreszeit und schlechtem Wetter einerseits und unserer Leistungsfähigkeit und guten Ernährung andererseits.

26. Febr. Beim Abmarsch bedeckter Himmel; trotzdem konnten wir die Spuren und das nächste Wegmal in weiter Ferne deutlich erkennen. Es ging heute ein wenig besser, wir sind 22 Kilometer vorwärts gekommen. Bowers und Wilson waren Vorspann. Es ist geradezu eine Erholung, im zweiten Glied zu ziehen und nicht auf die Spur achten zu müssen. Wir haben jetzt sehr kalte Nächte und morgens zu Anfang des Marsches immer kalte Füße, weil unsere Schuhe nachts nicht trocknen. Wir müßten noch reichlicher zu essen haben, besonders Fett! Hoffentlich finden wir 80 Kilometer weiter im nächsten Depot so viel Vorrat, daß wir mehr verbrauchen können. Und der knappe Ölvorrat macht mich auch besorgt!

27. Febr. Die letzte Nacht war verzweifelt kalt: 36°, als wir aufstanden. Wir müssen uns unbedingt reichlicher ernähren. Wir sprechen kaum noch von etwas anderm als vom Essen, nur nicht unmittelbar nach den Mahlzeiten.

Das Land verschwindet uns endlich aus dem Gesicht! Wollte Gott, daß wir keine Rückschläge mehr hätten! Wir sprechen natürlich immer über die Möglichkeit, die Hundeabteilung zu treffen. Beim nächsten Lager sind wir vielleicht schon in Sicherheit!? Bis zum Depot noch 57 Kilometer - zur Not noch 3 Tage Brennstoff und auf 6 Tage Proviant. Die Dinge fangen an, ein bißchen besser auszusehen; von morgen abend an werden wir wohl etwas mehr essen können.

28. Febr. Bei leichtem Nordwestwind traten wir heute unsern Marsch an - und bei lähmender Kälte von 35 ½°. Viel kalte Füße heute morgen; aber wir sind früher aufgebrochen und werden früher das Lager aufschlagen, so daß uns wenigstens die Möglichkeit einer guten Nachtruhe winkt. Solange wir aber das Depot nicht erreicht haben, steht es bedenklich, und je mehr ich darüber nachdenke, desto deutlicher wird mir, daß es auch nach dem Eintreffen dort wohl noch so bleiben wird! Eins steht fest: der mittlere Teil der Barriere ist ein grauenvoller Ort!

29. Febr. Entsetzliche Kälte beim Aufbrechen. Wir hatten uns auf einen schauderhaften Marsch gefaßt gemacht, und anfangs wurde er auch so. Dann ging es besser, und wir kampierten nach 5 ½ Stunden dicht neben einem alten Frühstückslager. Das nächste Lager ist unser Depot, es liegt genau 24 Kilometer von hier. Nur noch ein schöner Tag! Das Öl wird eben bis dahin reichen, und wir werden dort noch mit Lebensmitteln für 3 Tage eintreffen. Die Vergrößerung unserer Ration hat eine außerordentlich wohltätige Wirkung gehabt.

1. März. Wir machten uns um 8 auf den Weg und sind bis zu einer Stelle marschiert, von wo aus wir die Depotfahne schon flattern sehen können. Gestern war es ein mörderisches Ziehen und heute noch mehr! Sonst ist das Wetter wunderbar schön, wolkenlose Tage und Nächte und unbedeutender Wind. Nur ist es unser Pech, daß dieser Wind grade aus Norden kommt und uns greulich durchkältet.

2. März. Ein Unglück kommt selten allein. Wir marschierten gestern nachmittag ziemlich bequem zum Depot, und nun haben uns drei furchtbare Schläge getroffen, die alle meine Hoffnungen über den Haufen werfen. Erstens fanden wir zu wenig Öl vor, selbst bei strengster Sparsamkeit reicht es kaum für die 131 Kilometer bis zum nächsten Depot! Dann zeigte uns Oates seine Füße: seine Zehen sind augenscheinlich erfroren. Der dritte Schlag kam in der Nacht: das Thermometer ging unter 40° hinunter, und heute morgen brauchten wir zum Wechseln unserer Fußbekleidung 1 ½ Stunden! Trotzdem machten wir uns vor 8 Uhr auf den Weg, aber wir verloren Wegmale und Spuren aus dem Gesicht. Und das Schlimmste von allem: die Oberfläche ist einfach grauenhaft! trotz des starken Windes und des gefüllten Segels haben wir nur 10 Kilometer zurückgelegt. Wir können die unbedingt nötigen Märsche nicht mehr ausführen und leiden entsetzlich unter der Kälte!

Ein Heldenopfer

Sonntag, 3. März 1912. Wir fanden gestern die Gleise wieder und legten fast 18 Kilometer zurück. Aber heute ist es geradezu zum Verzweifeln! Nach der ersten Stunde, die uns mit günstigem Wind schnell vorwärtsbrachte, spottete die Oberfläche jeder Beschreibung. Wind und alles drehte sich uns entgegen - nach 4 ½ Stunden mußten wir haltmachen; nur 8 ½ Kilometer weiter! Wir haben keine Schuld daran - wir haben getan, was wir konnten - die Oberfläche mit ihrem klebrigen Schnee hielt uns zu fest, und oft war der Sturm so heftig, daß wir den Schlitten nicht von der Stelle bringen konnten. Gott steh' uns bei! Aber diesen Anstrengungen sind wir nicht gewachsen! Keiner von uns kann das noch glauben; keiner zwar spricht ein Wort davon, und zueinander sind wir immer unendlich heiter - aber was jeder in seinem Herzen fühlt, ist nicht schwer zu erraten.

4. März. Wie stets vergaßen wir gestern abend unsere Sorgen, krochen in die Säcke, schliefen nach gutem Essen vorzüglich, wachten auf, aßen wieder und traten dann unseren Marsch an. Den ganzen Morgen haben wir mit Aufbietung all unserer Kräfte nur 6 ½ Kilometer zurückgelegt! Unsere einzige Hoffnung ist starker, trockner Wind - aber um diese Zeit des Jahres?! Das nächste Depot ist 78 Kilometer entfernt - wir haben Lebensmittel auf eine Woche, aber Öl nur noch auf 3 bis 4 Tage! - Uns täglich eine warme Mahlzeit entziehen, hieße uns töten! Eine Möglichkeit der Rettung besteht: es könnte im nächsten Depot vielleicht noch Extravorrat an Öl liegen! Aber wenn wir dort wieder zu wenig vorfinden? - und ob wir überhaupt hinkommen? Ich wäre längst verzweifelt, wenn nicht Wilson und Bowers so tapfern Mutes wären!

5. März. Oates' Füße sind jämmerlich, der Ärmste hinkt sehr. Heute morgen marschierten wir 5 Stunden auf etwas besserer Oberfläche, die mit hohen hügelartigen Schneefahnen bedeckt war. Der Schlitten schlug zweimal um; wir zogen ihn zu Fuß und legten ungefähr 10 Kilometer zurück. Noch 2 Ponymärsche und etwa 7 Kilometer bis zu unserm Depot! Unser Brennmaterial wird schrecklich knapp, und der arme Oates ist fast ganz entkräftet. Und gar nichts können wir für ihn tun! Von uns andern leidet Wilson am meisten, hauptsächlich infolge der aufopfernden Hingabe, womit er Oates' kranke Füße behandelt. Wir können einander nicht helfen - jeder hat genug mit sich allein zu tun. »Gott helfe uns!« kann man nur sagen und sich dann frierend und niedergeschlagen auf seinem Wege weiterschleppen mit dem furchtbaren Bewußtsein, daß wir ja doch viel, viel zu langsam vorwärtskommen. Aber wenn wir im Zelt beisammen sind, scheinen wir noch alle heiter und guten Mutes und reden von allem Möglichen; vom Essen jetzt weniger, seit wir uns entschlossen haben, volle Rationen zu wagen; wir konnten einfach nicht länger hungrig umherlaufen. Es ist ein gefährliches Spiel, aber wir werden es mit Mut zu Ende führen.

6. März. Heute morgen war es unerträglich! Über Nacht wurde es warm, und zum erstenmal auf der ganzen Reise habe ich mich um mehr als eine Stunde verschlafen. Dann zogen wir mit Aufbietung all unserer Kräfte - um unser Leben und kamen doch kaum 2 Kilometer in der Stunde vorwärts! Dreimal mußten wir uns abspannen, um die alten Gleise zu suchen. Unterdes saß der arme Oates auf dem Schlitten; Zugarbeit kann er nicht mehr leisten; seine Füße müssen ihn entsetzlich schmerzen, und doch ist er wunderbar mutig. Er klagt nie, aber sein heiterer Sinn tritt jetzt nur noch auf dem Marsch hervor; im Zelt wird er immer schweigsamer. Hätten wir 16 ½ Kilometer täglich fertigbringen können - vielleicht wären wir noch vor dem Ausgehen des Öles bis ans Depot gelangt. Jetzt kann uns nichts mehr helfen als starker Wind und gute Oberfläche. Wenn wir alle gesund wären, könnte man noch hoffen, aber der arme Oates ist uns ein schreckliches Hemmnis geworden.

7. März. Oates geht es sehr schlecht; ich kann seinen Heldenmut nicht genug bewundern. Wir unterhalten uns noch darüber, was wir alles vornehmen wollen, wenn wir erst wieder zu Hause sind.

Gestern nur 12 Kilometer - heute morgen in 4 ½ Stunden ein wenig über 7 ½ Kilometer - noch 30 Kilometer bis zum Depot! Wenn wir dort reichliche Vorräte finden und die Oberfläche so bleibt, dann können wir uns noch bis zum nächsten Depot durchschlagen, aber zum Ein-Tonnen-Lager nicht mehr! Bei dem armen Oates steht die Krisis nahe bevor. Die Sonne strahlt - Spur und Wegmale sind weithin sichtbar - wer sie doch bis ans Ende verfolgen könnte!

8. März. Ich muß jetzt am Morgen fast eine Stunde in den Nachtstiefeln warten, ehe ich mit dem Wechseln der Fußbekleidung beginnen kann, und bin doch gewöhnlich zuerst fertig. Auch Wilsons Füße fangen an zu schmerzen, da er nachts so oft umherläuft, um den andern zu helfen. Wir sind noch 16 Kilometer vor dem Depot - ein lächerlich kleiner Abstand! Aber um nur die Hälfte unserer früheren Märsche zu erreichen, müssen wir unsere Energie verdoppeln. Und es fragt sich vor allem: was werden wir im Depot finden? Wenn die Hunde Öl dorthin gebracht haben, können wir noch eine Strecke weiterkommen - aber wenn wir dort wieder zu wenig Brennstoff finden, dann sei Gott uns gnädig!

Sonntag, 10. März. Oates fragte heute morgen Wilson, ob es für ihn noch eine Möglichkeit der Genesung gebe; natürlich mußte Wilson sagen, daß er das glaube. In Wahrheit gibt es keine mehr. Und ob wir andern durchkommen? Im besten Fall können wir noch eine Weile ein Hundeleben führen, aber mehr auch nicht, unsere Kleider sind so vereist, daß wir sie kaum noch an- und ausziehen können, und der arme Oates hält uns des Morgens so lange auf, daß der wärmende Einfluß des Frühstücks sich schon verloren hat, ehe wir uns auf den Weg machen. Der arme Mensch! Es ist zu traurig mit ihm; und doch muß man immer wieder versuchen, ihn aufzuheitern.

Gestern haben wir das Depot am Mount Hooper erreicht. Kalter Trost! Von allem zu wenig vorhanden! Doch wüßte ich nicht, daß irgend jemand deswegen Tadel verdiente. Die Hunde hätten unsere Rettung sein können - sie sind offenbar ausgeblieben. Meares wird eine schlechte Heimreise gehabt haben. Es ist alles ein erbärmlicher Wirrwarr! - Heute konnten wir nur eine halbe Stunde marschieren. Ein Orkan zwang uns, schnell wieder das Lager aufzuschlagen.

11. März. Oates ist seinem Ende nahe. Was wir tun werden - was er tun wird, weiß Gott allein. Er ist ein tapferer, guter Mensch und klar über seine Lage, aber er fragte uns um Rat. Was konnten wir ihm anderes sagen, als ihn dringend bitten, so weit mit zu marschieren, wie er irgend könne! Eine gute Folge aber hatte die Beratung: ich befahl Wilson, uns die Mittel zur Beendigung unserer Qual auszuhändigen, damit jeder wisse, was er im Notfall zu tun ha-be. Wir haben jeder 30 Opiumtabletten, Wilson selbst eine Tube Morphium, unser Spiel geht tragisch aus.

11 Kilometer sind jetzt die Grenze unserer Leistungsfähigkeit. Wir haben Proviant auf 7 Tage und müssen heute abend ungefähr 102 Kilometer vom Ein-Tonnen-Lager entfernt sein. 11 x 7 = 77 - also bleiben immer noch 25 Kilometer Abstand.

12. März. Gestern legten wir 11 Kilometer, heute morgen 7 ½ Kilometer zurück; heute nach-mittag müssen wir auf weitere 5 ½ hoffen - 13 x 6 = 78. Die Oberfläche bleibt schauderhaft, die Kälte unbeschreiblich streng, und mit unserer Gesundheit geht es bergab, Gott helfe uns!

14. März. Aber auch alles geht schief! Gestern erwachten wir bei starkem Nordwind mit 38° und mußten daher bis 2 Uhr im Lager bleiben. Dann legten wir noch 9 ½ Kilometer zurück, und hätten uns gern noch weitergeschleppt, aber da der Wind nicht aussetzte, litten wir zu sehr unter der Kälte. Und wie lange das dauerte, ehe wir im Dunkeln unser Abendessen fertig hatten!

Heute morgen zogen wir bei südlicher Brise mit aufgezogenem Segel ab und mit guter Ge-schwindigkeit wieder an einem Wegmal vorüber; als wir ungefähr die halbe Marschzeit hinter uns hatten, veränderte sich der Wind in eine scharfe Brise aus Westen, die durch die Windanzü-ge hindurch und in die Fausthandschuhe hineinwehte. Der arme Wilson war so erstarrt, daß er eine ganze Weile seine Schneeschuhe gar nicht abschnallen konnte. Bowers und ich schlugen das Lager allein auf, und als wir schließlich im Zelt waren, zitterten wir alle vor Kälte. Die Mittagstemperatur ist 42°. Das Ende ist nahe - es soll ein recht gnädiges Ende werden. Der arme Oates hat sich wieder den Fuß erfroren; mir graut, wenn ich daran denke, wie er morgen aussehen wird.

Sonnabend, 16. oder Sonntag, 17. März. Ich bin mir über das Datum nicht ganz klar, glaube aber, das letztere wird richtig sein.

Die Tragödie ist in vollem Gang. Vorgestern erklärte der arme Oates, er könne nicht mehr weiter, und machte uns den Vorschlag, ihn in seinem Schlafsack zurückzulassen. Davon konnte natürlich keine Rede sein, und wir bewogen ihn, uns noch auf dem Nachmittagsmarsch zu begleiten. Es muß eine entsetzliche Qual für ihn gewesen sein! In der Nacht wurde es mit ihm schlechter, und wir sahen, daß es zu Ende ging.

Sollte dies Tagebuch gefunden werden, so bitte ich um die Bekanntgabe folgender Tatsachen: Oates' letzte Gedanken galten seiner Mutter; unmittelbar vorher sprach er mit Stolz davon, daß sein Regiment sich über den Mut freuen werde, mit dem er dem Tod entgegengehe. Wir drei können seine Tapferkeit bezeugen. Wochenlang hat er unaussprechliche Schmerzen klaglos ertragen und war tätig und hilfsbereit bis zum letzten Augenblick. Bis zum Schluß hat er die Hoffnung nicht aufgegeben - nicht aufgeben wollen. Er war eine tapfere Seele, und dies war sein Ende: er schlief die vorletzte Nacht ein in der Hoffnung, nicht wieder zu erwachen; aber er erwachte doch am Morgen - gestern! Draußen tobte ein Orkan.

»Ich will einmal hinausgehen,« sagte er, »und bleibe vielleicht eine Weile draußen.« Dann ging er in den Orkan hinaus - und wir haben ihn nicht wiedergesehen.

Das Ende

Sonntag, 17. März 1912. Ich kann nur absatzweise schreiben. Die Kälte ist ungeheuer, mittags 40°. Meine Kameraden sind heiter, aber wir sind drauf und dran, zu erfrieren, und obwohl wir beständig davon reden, daß wir uns doch noch durchschlagen werden, glaubt es im Herzen keiner mehr. Gestern mußten wir des Orkans wegen still liegen, und heute geht es furchtbar langsam. Wir sind nur 2 Ponymärsche vom Ein-Tonnen-Lager entfernt. Hier lassen wir unsern Theodoliten, eine Kamera und Oates' Schlafsäcke zurück. Die Tagebücher, sowie die auf Wilsons speziellen Wunsch mitgenommenen Gesteinproben wird man bei uns oder auf unserm Schlitten finden.

18. März. Heute beim zweiten Frühstück sind wir 39 Kilometer vom Depot entfernt. Das Unglück schreitet weiter. Gestern hatten wir wieder Gegenwind, und der Schnee trieb uns ins Gesicht; wir mußten den Marsch unterbrechen; Temperatur 37°. Kein menschliches Wesen brächte es fertig, solch einem Wetter zu trotzen, und unsere Kraft ist fast ganz erschöpft. Wir brechen allmählich alle zusammen. Ich Esel rührte mir einen kleinen Teelöffel voll Currypulver in meinen Pemmikan - er verursachte mir heftige Beschwerden. Die ganze Nacht lag ich mit Schmerzen wach, und auf dem Marsch fühlte ich mich kraftlos; mein rechter Fuß erfror, und ich merkte es gar nicht. Ein Augenblick Nachlässigkeit - und man hat einen Fuß, den man gar nicht ansehen mag. Bowers ist, was seine Gesundheit anlangt, Nummer Eins. Die andern glauben noch, daß wir durchkommen - oder stellen sich wohl nur so! Wir haben den Primuskocher noch einmal halb voll gegossen, das letztemal - dann müssen wir verdursten. Der Wind ist augenblicklich günstig - vielleicht hilft er uns. Die Entfernung bis zum nächsten Depot wäre uns auf der Hinreise lächerlich klein erschienen.

19. März. Gestern abend waren wir fast erstarrt, bis wir unser Abendessen verzehrt hatten: es bestand aus Schiffszwieback, kaltem Pemmikan und einem halben Kännchen Kakao. Dann wurden wir wider Erwarten ganz warm und haben alle gut geschlafen. Heute brachen wir in der gewöhnlichen schleppend langsamen Weise auf. Wir sind 29 Kilometer vom Depot entfernt und könnten in 3 Tagen hinkommen. Wir haben noch auf 2 Tage Lebensmittel, aber nur noch auf 1 Tag Brennmaterial. Wilsons Füße sind noch am besten, mein rechter am schlechtesten, nur mein linker ist ganz in Ordnung. Aber wie sollen wir unsere Füße schonen, ehe wir das Depot erreicht haben und uns wieder mit warmem Essen pflegen können?

21. März. Montag abend waren wir noch 20 Kilometer vom Depot entfernt; gestern konnten wir eines wütenden Orkans wegen nicht weiter. Heute wieder eine verlorene Hoffnung - Wilson und Bowers wollen zum Depot gehen, um Brennstoff zu holen.

22. und 23. März. Der Orkan wütet fort - Wilson und Bowers konnten sich nicht hinauswagen - morgen ist die letzte Möglichkeit - kein Brennstoff mehr und nur noch auf 1, höchstens 2 Tage Nahrung - das Ende ist da. Wir haben beschlossen, eines natürlichen Todes zu sterben - wir wollen mit unsern Sachen oder auch ohne sie zum Depot marschieren und auf unserer Spur zusammenbrechen.

Freitag, 29. März. Seit dem 21. hat es unaufhörlich aus Südwest gestürmt. Jeden Tag waren wir bereit, nach unserm nur noch 20 Kilometer entfernten Depot zu marschieren, aber draußen vor der Zelttür ist die ganze Landschaft ein wirbelndes Schneegestöber. Wir können jetzt nicht mehr auf Besserung hoffen. Aber wir werden bis zum Ende aushalten; der Tod kann nicht mehr fern sein. Es ist ein Jammer, aber ich glaube nicht, daß ich noch weiter schreiben kann. R. Scott.

Um Gottes willen - sorgt für unsere Hinterbliebenen!

Acht Monate später wurden die Verunglückten gefunden. Wilson und Bowers lagen in ihren Schlafsäcken, die sie über dem Kopf geschlossen hatten.

Scott war offenbar zuletzt gestorben. Er hatte die Klappen seines Schlafsacks zurückgeworfen und seinen Rock geöffnet. Die kleine Tasche mit seinen Tagebüchern lag unter Schultern und Kopf, und sein Arm umschlang Dr. Wilson.

Bei den Tagebüchern fanden sich mehrere Briefe, rührende Abschiedsbriefe an seine Frau und an mehrere Freunde und ergreifende Trostbriefe an die Witwen der mit ihm umgekommenen Kameraden.